super aliments

Sue Quinn · Fern Green
Photographies de Deirdre Rooney
et Victoria Wall Harris

ma vie en green

super aliments

140 recettes & conseils
pour adopter une alimentation
naturelle et bienfaisante

marabout

SOMMAIRE

Je me mets aux superaliments ! 6
Le vocabulaire des superaliments 8
Le tableau des superaliments 12
Les principales sources de vitamines 21

Recettes superaliments

PETIT DÉJ booster 22
SALADES énergie 48
SUR LE POUCE et sain 74
SOUPES santé 104
LÉGUMES du marché 136
PETITS PLATS gourmands 176
EN-CAS sucrés 212
PÂTISSERIES healthy 234
BOISSONS bienfaisantes 252

Table des recettes 314
Index 316

JE ME METS AUX SUPERALIMENTS !

Un superaliment, c'est quoi ?

Le terme « superaliment » est souvent exploité par les entreprises agroalimentaires pour essayer de rendre leurs produits plus nourrissants qu'ils ne le sont en réalité. Parfois, aucune preuve scientifique ne vient démontrer que ces produits apportent bien leurs supposés bienfaits sur la santé et qu'il ne s'agit pas de simples allégations. C'est dommage !

Si l'on met de côté ce discours marketing, des études scientifiques sérieuses montrent pourtant que certains aliments contiennent un taux élevé de nutriments qui favorisent la bonne santé et protègent notre corps des maladies.

Il est toutefois difficile de trouver une norme pour définir ce qu'est un superaliment. Plusieurs systèmes d'évaluation ont vu le jour à travers le monde pour classer les aliments selon leur densité nutritionnelle, c'est-à-dire la quantité de nutriments par calorie. Le problème, c'est que ces systèmes manquent de cohérence. Par exemple, certains d'entre eux se servent de différents groupes de nutriments essentiels comme base d'évaluation.

En outre, la densité nutritionnelle n'est pas le seul facteur important. Il existe par exemple des milliers de substances phytochimiques qui semblent avoir la capacité de protéger de certaines maladies, sans pour autant rentrer dans les catégories de densité nutritionnelle parce qu'elles n'ont pas été jugées essentielles pour le fonctionnement de notre organisme.

Une sélection pour les recettes de ce livre

Après avoir étudié plusieurs systèmes d'évaluation, nous avons établi une liste d'aliments superpuissants qui contiennent un taux exceptionnellement élevé de vitamines, d'agents phytochimiques et d'autres nutriments étroitement liés à la santé et à la réduction des risques de maladies chroniques.

Cette liste n'est en aucun cas exhaustive, mais elle offre un aperçu des superaliments issus de différents groupes d'aliments afin de vous aider à inclure un maximum de bienfaits nutritionnels dans votre alimentation.

Découvrez dans ce livre les aliments qui vous feront du bien au quotidien ainsi qu'une sélection de recettes aussi simples que savoureuses pour les cuisiner.

LE VOCABULAIRE DES SUPERALIMENTS

ANTIOXYDANTS

Les fruits, les légumes et les céréales en sont les principales sources.

Composés chimiques qui bloquent l'activité des radicaux libres.

Protègent contre les lésions cellulaires.

CAROTÉNOÏDES

Ils donnent aux carottes, aux courges et à d'autres fruits et légumes leur couleur orange.

Groupe de composés phytochimiques qui comprend le carotène, le bêtacarotène et le lycopène.

Antioxydants puissants.

FLAVONOÏDES

On les trouve dans les baies, les fruits du verger et à coque, les haricots et d'autres légumes.

Vaste groupe de composés phytochimiques.

Liés à la longévité et à la réduction des risques de cardiopathie. Puissants antioxydants.

ACIDE FOLIQUE

Son taux est particulièrement élevé dans les légumes-feuilles vert foncé.

Une sorte de vitamine B, également appelée folacine.

Indispensable à la croissance.

RADICAUX LIBRES

Ils se forment naturellement dans l'organisme, mais aussi dans l'environnement, par exemple avec la fumée de cigarette et la pollution.

Produits chimiques réactifs susceptibles d'endommager les cellules.

Ils peuvent entraîner des pathologies liées au vieillissement, le cancer, le diabète et des cardiopathies.

Une connaissance générale des termes courants dans le domaine de la nutrition vous permettra de mieux comprendre les bienfaits des superaliments.

GLUCOSINOLATES

On les trouve dans les légumes crucifères comme la roquette, le bok choy, le chou, le chou kale et le cresson.

Composés chimiques contenant du soufre.

On pense qu'ils préviennent le développement de certains cancers.

LYCOPÈNES

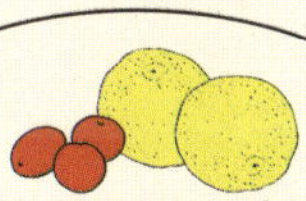

On les trouve dans les fruits et légumes tels que la tomate et le pamplemousse rose.

Groupe de composés phytochimiques.

Antioxydants puissants.

PHYTOCHIMIQUES

Vaste groupe de nutriments végétaux non essentiels dotés de propriétés de prévention et de protection contre les maladies.

Certains types sont appelés antioxydants, flavonoïdes, caroténoïdes et polyphénols.

Susceptibles de protéger contre le cancer. Également liés à une baisse de la pression artérielle, une meilleure vision et une réduction du cholestérol.

VITAMINE A

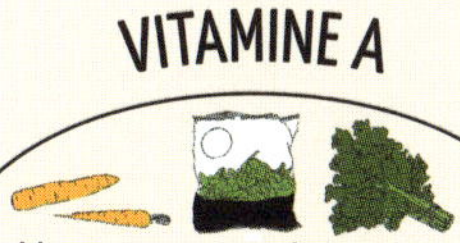

Un vaste groupe de nutriments, qui inclut les rétinoïdes (denrées animales) et les caroténoïdes (denrées végétales).

Dans cet ouvrage, la vitamine A renvoie à toutes les formes combinées contenues dans un plat.

Susceptible de prévenir le cancer; agit comme anti-inflammatoire.

VITAMINE C

L'un des antioxydants les plus connus.

VITAMINE E

Terme générique qui désigne une famille de nutriments dotés de fortes propriétés antioxydantes.

VITAMINE K

Connue pour son rôle dans la coagulation du sang, elle favorise également le renforcement osseux.

LE TABLEAU DES SUPERALIMENTS

La liste suivante de superaliments est tirée de plusieurs sources, notamment le système ANDI (agrégat élémentaire de densité nutritionnelle), l'indice des fruits et légumes classés selon leur densité nutritionnelle des centres américains de prévention et de contrôle des maladies et les 100 sources alimentaires les plus riches en antioxydants telles que publiées dans le *Journal européen de la nutrition clinique.* D'autres aliments dont les bienfaits particuliers sur la santé ont été identifiés y sont également inclus. Ces aliments sont mentionnés dans un ordre arbitraire.

	LÉGUMES VERTS	PRINCIPAUX NUTRIMENTS ET BIENFAITS POTENTIELS SUR LA SANTÉ
	feuilles de moutarde	**Vitamines K, A et C** Réduit le taux de cholestérol, prévient le cancer
	fanes de navet	**Vitamines A, K et C, acide folique, calcium, flavonoïdes** Prévient le cancer et les troubles cardiovasculaires, anti-inflammatoire
	feuilles de chou vert	**Vitamines K, A et C, manganèse** Prévient le cancer et les troubles cardiovasculaires, réduit le taux de cholestérol, anti-inflammatoire
	feuilles de betterave	**Vitamines K, A et C, calcium, magnésium** Renforce la santé oculaire, contribue à l'équilibre alimentaire

PRINCIPAUX NUTRIMENTS ET BIENFAITS POTENTIELS SUR LA SANTÉ	LÉGUMES VERTS	
Vitamines K, C et A Prévient le cancer, l'ostéoporose et la maladie d'Alzheimer	cresson	
Vitamines K, A et C, manganèse, glucosinolates, flavonoïdes Réduit le taux de cholestérol, prévient le cancer, anti-inflammatoire	chou kale	
Vitamines K, A et C, magnésium, flavonoïdes Anti-inflammatoire, régule la glycémie, prévient le cancer, renforce la santé osseuse	bette	
Vitamines K, C et A, potassium, glucosinolates Prévient le cancer, anti-inflammatoire	bok choy	
Vitamines K, C et B6, glucosinolates Prévient le cancer, anti-inflammatoire, réduit le taux de cholestérol	chou	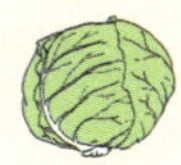
Vitamines K et A, acide folique, manganèse, caroténoïdes Prévient le cancer, anti-inflammatoire, renforce la santé osseuse	épinards	
Vitamines K, A et C, acide folique Prévient le cancer, renforce la santé digestive, réduit le taux de cholestérol	endive	
Vitamines K, A et C, acide folique, caroténoïdes Prévient le cancer	roquette	
Vitamines K et A, acide folique, flavonoïdes, caroténoïdes Prévient les troubles cardiovasculaires, réduit le taux de cholestérol	romaine	

AUTRES LÉGUMES	PRINCIPAUX NUTRIMENTS ET BIENFAITS POTENTIELS SUR LA SANTÉ
 radis	**Vitamine C, caroténoïdes** Prévient le cancer, anti-inflammatoire, renforce les défenses immunitaires
 navet	**Vitamine C** Prévient le cancer, anti-inflammatoire, renforce les défenses immunitaires
 cœur d'artichaut	**Vitamines C et K, acide folique, fibres** Réduit le taux de cholestérol, anti-inflammatoire, renforce la santé digestive
 carotte	**Vitamines A et K, biotine (vitamine B7), caroténoïdes** Prévient les maladies cardiovasculaires et le cancer, renforce la santé oculaire
 courge poivrée	**Vitamines A, C et B6, fibres, caroténoïdes** Anti-inflammatoire, régule la glycémie, prévient les cardiopathies et le cancer
 poivron rouge, jaune et orange	**Vitamines C, B6 et A, flavonoïdes, caroténoïdes** Régule la glycémie, prévient les cardiopathies et le cancer
 chou-fleur	**Vitamines C et K, acide folique** Prévient les cardiopathies et le cancer, anti-inflammatoire, renforce la santé digestive
 rutabaga	**Vitamine C, potassium, caroténoïdes, fibres** Prévient le cancer, les cardiopathies et les maladies des os, renforce la santé digestive

PRINCIPAUX NUTRIMENTS ET BIENFAITS POTENTIELS SUR LA SANTÉ	NOIX ET GRAINES	
Acides gras oméga 3, fibres Prévient le cancer et les cardiopathies, réduit le taux de cholestérol, renforce la santé digestive, soulage les symptômes liés à la ménopause	graines de lin	
Vitamines du groupe B et E, manganèse, cuivre, caroténoïdes, fibres Réduit le taux de cholestérol, prévient les cardiopathies, le cancer et les infections, aide à garder une peau saine	noix de pécan	
Vitamines du groupe B et C, cuivre, manganèse, fibres Prévient les cardiopathies, réduit le taux de cholestérol, renforce la santé osseuse	châtaignes	
Vitamines du groupe B et E, manganèse, cuivre, fibres Prévient les cardiopathies et le cancer, réduit le taux de cholestérol, aide à garder une peau saine	noisettes	
Cuivre, manganèse, calcium Soulage l'arthrite rhumatoïde, renforce la santé vasculaire, respiratoire et osseuse, prévient le cancer et l'ostéoporose	graines de sésame	
Vitamines du groupe B et E, cuivre, manganèse, sélénium Réduit le taux de cholestérol, prévient les cardiopathies, régule la glycémie	graines de tournesol	
Vitamines du groupe B, cuivre, manganèse, flavonoïdes Prévient les cardiopathies et les événements cardiovasculaires, le cancer et la maladie d'Alzheimer	cacahuètes	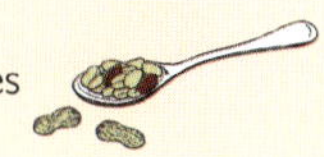
Acides gras oméga 3, manganèse, calcium, phosphore, fibres Peu de recherches, mais favoriserait la santé cardiovasculaire	graines de chia	

	FRUITS	PRINCIPAUX NUTRIMENTS ET BIENFAITS POTENTIELS SUR LA SANTÉ
	canneberge	**Vitamine C, flavonoïdes, autres agents phytochimiques, fibres** Protège contre les infections urinaires, les maladies cardiovasculaires et les lésions cellulaires, anti-inflammatoire
	mûre	**Vitamines C et K, acide folique, manganèse, flavonoïdes, fibres** Prévient le cancer et le vieillissement prématuré, régule la glycémie, anti-inflammatoire
	fraise	**Vitamine C, manganèse, flavonoïdes, agents phytochimiques, fibres** Prévient les cardiopathies et le cancer, anti-inflammatoire, régule la glycémie
	framboise	**Vitamine C, manganèse, flavonoïdes, agents phytochimiques, fibres** Régule la glycémie, facilite la perte de poids, prévient le cancer
	myrtille	**Vitamines K et C, manganèse, flavonoïdes** Prévient les maladies cardiovasculaires, le cancer et la perte de mémoire, renforce la santé oculaire, régule la glycémie
	pamplemousse rose et rouge, citron jaune et vert	**Vitamine C, lycopène (pamplemousse rose et rouge uniquement), flavonoïdes** Prévient le cancer, l'arthrite rhumatoïde et les lésions cellulaires, renforce le système immunitaire, anti-inflammatoire
	orange	**Vitamine C, flavonoïdes, fibres** Réduit le taux de cholestérol, prévient le cancer, les cardiopathies et l'arthrite rhumatoïde, renforce le système immunitaire
	cerise sauvage	**Vitamines A et C, flavonoïdes, agents phytochimiques** Prévient le cancer et les maladies cardiovasculaires, anti-inflammatoire, calme le système nerveux
	Prune sauvage	**Vitamine C, flavonoïdes, agents phytochimiques** Prévient les lésions cellulaires, régule la glycémie, facilite la perte de poids, améliore l'absorption du fer

PRINCIPAUX NUTRIMENTS ET BIENFAITS POTENTIELS SUR LA SANTÉ	FRUITS	
Vitamines C et A Prévient le cancer, antiviral, favorise une bonne circulation	sureau noir	
Vitamine C, caroténoïdes, flavonoïdes Prévient le cancer, le vieillissement prématuré et les maladies neurologiques	baies d'aronia	
Vitamines du groupe B et C, flavonoïdes, caroténoïdes Prévient les maladies cardiovasculaires et le cancer, renforce la santé osseuse, réduit le taux de cholestérol, facilite la perte de poids	tomate	
Vitamines C et B2, sélénium, fer, caroténoïdes, fibres Peu de recherches, mais préviendrait le cancer, renforcerait le système immunitaire, anti-inflammatoire	baies de goji	
Vitamine A, flavonoïdes et autres agents phytochimiques Peu de recherches, mais tout comme d'autres baies noires préviendrait les maladies cardiovasculaires et faciliterait la perte de poids	baies d'açaï	

PRINCIPAUX NUTRIMENTS ET BIENFAITS POTENTIELS SUR LA SANTÉ	HARICOTS	
Molybdène (minéral essentiel), acide folique et fibres Réduit le taux de cholestérol, régule la glycémie, prévient les cardiopathies	haricot pinto / haricot sec / haricot rouge / lentilles	
Protéines, fer, magnésium et calcium Prévient le cancer et les cardiopathies, renforce la santé osseuse	tofu / soja / fève d'edamame	

	AUTRES	PRINCIPAUX NUTRIMENTS ET BIENFAITS POTENTIELS SUR LA SANTÉ
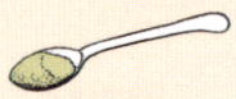	poudre de maca	**Vitamines du groupe B et C, minéraux, agents phytochimiques** Peu de recherches, mais stimulerait l'énergie et contrôlerait l'équilibre hormonal
	cacao	**Vitamines du groupe B, minéraux, flavonoïdes** Antidépresseur, stimulant léger, réduit les risques d'événements cardiovasculaires, facilite la perte de poids
	maquereau	**Vitamines du groupe B et D, acides gras oméga 3** Prévient les cardiopathies, réduit le taux de cholestérol, anti-inflammatoire, diminue la pression artérielle
	saumon	**Vitamines du groupe B et D, sélénium et acides gras oméga 3** Prévient les maladies cardiovasculaires et le cancer, protège les articulations et renforce la santé oculaire
	algues	**Vitamine C, iode, minéraux, agents phytochimiques** Anti-inflammatoire, réduit le taux de cholestérol, prévient le cancer
	basilic	**Vitamine K, flavonoïdes** Régule la glycémie, réduit le cholestérol, antibactérien
	coriandre (graines et feuilles)	**Vitamine K, flavonoïdes et autres agents phytochimiques** Régule la glycémie, réduit le taux de cholestérol, antibactérien

Remarque : les laits, le wakamé, le tahini, le miso… sont des déclinaisons des superaliments mentionnés dans le tableau ci-dessus.

LES PRINCIPALES SOURCES DE VITAMINES

Utilisez les informations ci-dessous pour identifier les aliments qui apportent le plus de vitamines essentielles.

Vitamine C

fraise, framboise, myrtille, canneberge, agrumes et jus d'agrumes, notamment l'orange et le pamplemousse, brocoli, chou-fleur, poivron rouge

Vitamine E

noisette, cacahuète, graine de tournesol, épinard, brocoli

Vitamine K

chou kale, épinard, fanes de navet, chou vert, bette, feuilles de moutarde, romaine, brocoli, chou-fleur, chou, poisson

Vitamine A

saumon, légumes-feuilles verts, brocoli, carotte, courge

PETIT DÉJ
booster

1
2
3
4
5
6
7
8
9

Confiture de fraises au chia, pain aux graines fait maison, porridges aux baies et aux noix, scones de quinoa...
Rien ne vaut un bon petit déjeuner pour bien démarrer une journée !

Faites le plein de nutriments essentiels pour assurer à votre organisme l'énergie dont vous aurez besoin.

CONFITURE DE FRAISES & CHIA

Pour environ 275 g
15 minutes de préparation + 10 minutes pour que la préparation épaississe

INGRÉDIENTS

500 g de fraises, équeutées et coupées en quartiers
2 à 3 cuillerées à soupe de miel liquide • 1 filet de jus de citron
3 cuillerées à soupe de graines de chia, voire plus, si nécessaire

Mettez les fraises dans une casserole et écrasez-les à l'aide d'un presse-purée. À feu doux-moyen, mélangez jusqu'à ce que les fruits libèrent tout leur jus. Incorporez le miel et le jus de citron. Augmentez le feu et laissez mijoter 10 minutes, ou jusqu'à ce que le mélange épaississe. Retirez du feu et incorporez les graines de chia. Réservez pendant 10 minutes. Si la consistance de la préparation n'est pas celle d'une confiture, ajoutez plus de graines de chia et/ou remettez sur le feu quelques minutes supplémentaires. Laissez refroidir puis conservez dans un récipient hermétique au réfrigérateur.

PAIN MOELLEUX AUX GRAINES

Pour 1 gros pain
1 h de préparation + 2h30 de levée et de refroidissement

INGRÉDIENTS

10 cuillerées à soupe de graines de tournesol • 460 g de farine de type T55
10 g de sel • 10 g de levure sèche instantanée • 40 g de miel mélangé
à 330 ml d'eau chaude • Huile végétale, pour graisser le plan de travail
1 œuf légèrement battu dans un filet d'eau • 2 cuillerées à soupe
de graines de lin, de chia et de sésame mélangées, à saupoudrer

Hachez les graines de tournesol à l'aide d'un robot culinaire. Mélangez la farine, les graines hachées, le sel et la levure, puis incorporez le mélange eau-miel. Transférez la pâte sur un plan de travail huilé et pétrissez. Réservez dans un saladier huilé et couvert pendant 15 minutes. Pétrissez et réservez à nouveau deux fois. Mettez au frais pendant 1 heure. Abaissez la pâte, roulez-la et placez-la côté plié en dessous dans un moule ovale huilé. Couvrez de film étirable. Laissez reposer 30 minutes. Préchauffez le four à 200 °C. Badigeonnez la pâte d'œuf, saupoudrez les graines puis badigeonnez à nouveau d'œuf. Enfournez 40 minutes. Laissez refroidir 10 minutes puis transférez sur une grille.

YAOURT À LA COURGE & CROQUANT ÉPICÉ

Pour 1 personne
50 minutes de préparation + 10 minutes de refroidissement

INGRÉDIENTS

300 g de courge poivrée, égrenée et coupée en gros tronçons (avec la peau)
1 grosse pincée de cannelle • 1 toute petite pincée de muscade
½ cuillerée à soupe de beurre doux
1 cuillerée à soupe de flocons d'avoine ou d'épeautre
½ cuillerée à soupe de graines de tournesol
½ cuillerée à soupe de graines de courge
½ cuillerée à soupe de miel liquide
150 g de yaourt à la grecque • 1 pincée de sel fin

Préchauffez le four à 180 °C. Faites rôtir la courge pendant 30 à 40 minutes jusqu'à ce qu'elle soit tendre. Laissez-la refroidir légèrement, puis réduisez la chair en purée à l'aide d'un robot culinaire après avoir ajouté la cannelle et la muscade. Laissez refroidir. Faites fondre le beurre dans une petite poêle, puis ajoutez les flocons d'avoine ou d'épeautre, les graines et le sel. Faites revenir à feu moyen-vif jusqu'à ce qu'ils soient légèrement dorés, sans laisser griller les graines. Ajoutez le miel et faites revenir 1 minute ou jusqu'à ce que le mélange devienne collant. Laissez refroidir dans une assiette, puis cassez en morceaux. Avant de servir, superposez le yaourt, la purée de courge et enfin les graines dans une verrine.

TARTINES AUX CERISES SAUVAGES

Pour 1 personne
15 minutes de préparation

INGRÉDIENTS

125 g de cerises sauvages, fraîches ou surgelées, dénoyautées
1 cuillerée à soupe de miel liquide ou de sirop d'agave
1 cuillerée à soupe de jus de citron • 2 feuilles de basilic, ciselées
1 ou 2 tranches de pain aux graines (voir page 24)
2 ou 3 cuillerées à soupe de labneh (ou de cream cheese)
Graines de sésame, à saupoudrer

Mettez les cerises, le miel et le jus de citron dans une casserole et écrasez légèrement à l'aide d'un presse-purée. Portez à ébullition puis couvrez et laissez mijoter à feu doux pendant 5 minutes. Ajoutez le basilic dans la casserole et laissez mijoter sans couvercle 5 minutes supplémentaires jusqu'à ce que le jus prenne la consistance d'un sirop. Pendant ce temps, faites griller les tranches de pain et tartinez-les de labneh. Au moment de servir, tartinez les cerises et leur sauce sur le labneh et parsemez de graines de sésame.

PORRIDGE BONNE MINE

Pour 1 personne
20 minutes de préparation

INGRÉDIENTS

40 g de framboises • 40 g de myrtilles
300 à 400 ml de lait de vache ou de boisson végétale au soja, à l'amande
ou à base de lin • 20 g de flocons d'avoine • 20 g de flocons de quinoa
1 cuillerée à soupe de graines de tournesol • 1 cuillerée à café de graines de lin
½ cuillerée à café de cannelle moulue • 1 cuillerée à soupe de miel liquide
Noix de pécan ou noisettes concassées, pour la présentation
1 pincée de sel

Mixez les fruits puis réservez. Faites chauffer le lait doucement dans une casserole puis réservez au chaud. Mélangez les flocons d'avoine, le quinoa, les graines et le sel dans une casserole sur feu moyen jusqu'à ce qu'ils soient torréfiés et grillés. Ajoutez la moitié du lait tiède, mélangez énergiquement et incorporez la cannelle et le miel. Faites chauffer à feu doux pendant 15 minutes, tout en mélangeant et en ajoutant le reste de lait tiède, ainsi que du lait froid, si nécessaire, pour obtenir la consistance souhaitée. Versez dans un bol avec la sauce aux fruits rouges et parsemez de noix de pécan ou de noisettes.

PORRIDGE BAIES & NOIX

Pour 4 personnes
25 minutes de préparation

INGRÉDIENTS

240 ml de boisson végétale à l'amande • 190 g de quinoa, rouge ou blanc
140 g de mûres • 140 g de myrtilles
½ cuillerée à café de cannelle en poudre
4 cuillerées à café de miel liquide
40 g de noix de pécan, grillées et concassées

Portez le lait, 240 ml d'eau et le quinoa à ébullition, puis laissez frémir pendant 15 minutes jusqu'à absorption presque complète du liquide. Retirez la casserole du feu et laissez reposer pendant 5 minutes. Incorporez les fruits avec la cannelle et le miel. Parsemez de noix de pécan.

SUPER MUESLI

Pour environ 700 g ou pour 8 personnes
5 minutes de préparation

INGRÉDIENTS

180 g de flocons d'avoine • 180 g de flocons de quinoa
80 g de noix de pécan, hachées grossièrement
3 cuillerées à soupe de graines de chia
70 g de mangue séchée, hachée grossièrement • 30 g de baies de goji
2 cuillerées à café de cannelle moulue
70 g d'abricots secs, hachés grossièrement • 30 g de graines de courge
2 cuillerées à soupe de graines de sésame • 1 pincée de sel

Dans un grand saladier, mélangez tous les ingrédients jusqu'à l'obtention d'un ensemble homogène. Conservez dans un récipient hermétique.

SCONES DE QUINOA

Pour 12 scones
30 minutes de préparation

INGRÉDIENTS

130 g de farine • 130 g de farine de quinoa • 40 g de sucre en poudre
1 cuillerée à café de sel • 1 ½ cuillerée à café de levure chimique
½ cuillerée à café de bicarbonate de soude • 115 g de beurre doux, coupé en cubes
2 cuillerées à café de zeste d'orange, râpé • 50 g de dattes, hachées
120 ml de babeurre (ou lait ribot) + un peu pour badigeonner

Préchauffez le four à 220 °C et chemisez une plaque à pâtisserie de papier sulfurisé. Tamisez les ingrédients secs, puis incorporez le beurre et malaxez jusqu'à une consistance de chapelure. Mélangez le zeste d'orange et les dattes à la préparation. Ajoutez le babeurre et malaxez jusqu'à ce que la pâte s'agglomère. Placez-la sur une planche farinée et étalez-la au rouleau jusqu'à 2 cm d'épaisseur. À l'aide d'un emporte-pièce de 5 cm de diamètre, découpez la pâte en 12 scones. Posez les scones sur la plaque à pâtisserie et badigeonnez-les légèrement de babeurre. Enfournez et laissez cuire pendant 12 minutes jusqu'à ce que les scones soient dorés. Laissez refroidir sur une grille.

MUFFINS POMME & NOIX

Pour 10 muffins
50 minutes de préparation

INGRÉDIENTS

150 g de beurre doux • 2 ou 3 grosses pommes, évidées et coupées en dés
1 cuillerée à café de cannelle en poudre • ½ cuillerée à café
de gingembre en poudre • ½ cuillerée à café de muscade en poudre
110 g de sucre roux • 1 œuf • ½ cuillerée à café d'extrait de vanille • 1 pincée de sel
1 cuillerée à café de levure chimique • 185 g de quinoa cuit et refroidi
160 g de farine • 60 ml de lait • 40 g de noix, concassées

Préchauffez le four à 190 °C et graissez un moule à muffins.
Dans une poêle, faites chauffer 2 cuillerées à soupe de beurre, ajoutez les pommes et les épices. Remuez pour bien enrober les pommes et continuez la cuisson jusqu'à ce qu'elles soient tendres.
Battez le reste de beurre et le sucre jusqu'à l'obtention d'une consistance légère et crémeuse. Ajoutez l'œuf et battez jusqu'à ce que la préparation soit pâle et mousseuse. Incorporez la vanille, le sel et la levure chimique, en battant. Ajoutez les pommes et le quinoa, la farine et le lait, et remuez. Répartissez la pâte dans le moule à muffins. Posez les noix sur le dessus. Enfournez et laissez cuire pendant 25 minutes. Laissez refroidir dans le moule pendant 5 minutes, puis démoulez sur une grille et laissez refroidir complètement.

GAUFRES AUX FRAISES

Pour 4 personnes
35 minutes de préparation

INGRÉDIENTS

175 g de farine de blé complet • 140 g de farine de seigle
2 cuillerées à soupe de sucre roux • 1 cuillerée à café de sel
1 cuillerée à soupe de levure chimique • 430 ml de boisson végétale au soja
1 cuillerée à soupe d'extrait de vanille
2 œufs, légèrement battus • 4 cuillerées à soupe de beurre fondu
Le zeste de ½ orange, râpé • 50 g de noix de pécan, concassées + un peu pour saupoudrer • 100 g de fraises • 100 ml de yaourt nature

Mélangez les farines, le sucre, le sel et la levure chimique. Incorporez la boisson végétale, la vanille, les œufs et le beurre, et mélangez soigneusement. Ajoutez le zeste d'orange et les noix de pécan, et mélangez. Déposez 120 ml de pâte sur la plaque du gaufrier et respectez le temps de cuisson indiqué par le fabricant. Servez les gaufres garnies de fraises, du supplément de noix de pécan et de yaourt.

PAIN PERDU TOFU & BANANE

Pour 2 personnes
25 minutes de préparation

INGRÉDIENTS

115 g de tofu soyeux • 30 ml de boisson végétale au soja
½ cuillerée à café d'extrait de vanille
½ cuillerée à café de cannelle en poudre • 4 tranches de brioche
1 banane, tranchée en diagonale • 2 cuillerées à soupe de beurre doux
Sucre glace, pour saupoudrer • Sirop d'érable, pour accompagner

Mixez au blender le tofu, la boisson végétale, la vanille, la cannelle et 30 ml d'eau pendant 1 minute. Versez dans un plat creux. Composez 2 sandwichs avec les tranches de brioche garnies de banane. Mettez les sandwichs, l'un après l'autre, dans la préparation au tofu et laissez macérer 30 secondes de chaque côté. Faites chauffer le beurre dans une poêle. Faites dorer un sandwich pendant 4 minutes de chaque côté. Répétez l'opération avec l'autre sandwich. Coupez les sandwichs en deux et saupoudrez de sucre glace. Accompagnez de sirop d'érable.

SUPER BROWNIES

Pour 12 à 16 brownies
35 minutes de préparation

INGRÉDIENTS

400 g de haricots azuki en conserve, égouttés • 85 g de sucre roux
30 g de cacao en poudre • 7 cuillerées à soupe d'huile végétale
¼ de cuillerée à café de sel • 2 œufs moyens
8 carrés de chocolat noir, cassés en petits morceaux
50 g de cerneaux de noix, cassés en deux

Préchauffez le four à 180 °C. Chemisez un moule à manqué carré, de 20 cm, de papier sulfurisé. Mixez tous les ingrédients, à l'exception du chocolat et des noix, pendant 1 minute. Incorporez les noix et le chocolat et versez dans le moule. Enfournez et laissez cuire pendant 20 à 25 minutes. Laissez refroidir sur une grille jusqu'à ce que les brownies aient une consistance de fondant.

SALADES *énergie*

1
2
3
4
5
6
7
8
9

Cuisinées à toutes les saisons, les salades font toujours des heureux ! Apprenez à les truffer de superaliments pour les rendre encore plus vertueuses pour votre santé.

Légumes, fruits, légumineuses, oléagineux, de nombreuses associations de saveurs et de bienfaits sont à découvrir dans ce chapitre.

SALADE DÉTOX

Pour 1 personne
5 minutes de préparation

INGRÉDIENTS

½ cuillerée à soupe de noisettes, émondées et concassées • ½ cuillerée à soupe de graines de tournesol • ½ cuillerée à café de graines de nigelle • 1 pincée de sel
50 g de cresson d'eau ou de terre (poids sans les grosses tiges)
1 cuillerée à soupe de jus de citron • 3 cuillerées à soupe d'huile d'olive vierge extra

Pour réaliser la salade, faites revenir les noisettes, les graines et le sel dans une poêle, tout en mélangeant, jusqu'à ce que leur arôme se dégage. Veillez à ne pas les laisser brûler. Laissez refroidir. Disposez le cresson dans un saladier. Assaisonnez délicatement de jus de citron et d'huile d'olive, et parsemez le mélange de graines. Servez immédiatement.

CHOU, AVOCAT & BAIES

Pour 1 personne, en plat principal
10 minutes de préparation

INGRÉDIENTS

3 cuillerées à soupe d'huile d'olive • 1 cuillerée à café de jus de citron • 1 cuillerée à café de miel • ½ gousse d'ail, hachée finement • Fleur de sel • Poivre noir
100 g de feuilles de chou kale, émincées finement • 70 g de chou, émincé
1 carotte moyenne, râpée • 1 avocat pelé, sans le noyau, et découpé en lamelles
3 cuillerées à soupe de graines de tournesol • 80 g de myrtilles
2 cuillerées à soupe de baies de goji ou d'aronia ou bien un mélange des deux

Émulsionnez l'huile, le jus de citron, le miel, l'ail, le sel et le poivre.
Réservez. Disposez les autres ingrédients dans un saladier.
Ajoutez la sauce et servez immédiatement.

CRESSON, RADIS, TOMATE & PITA

Pour 4 personnes, en accompagnement
20 minutes de préparation

INGRÉDIENTS

2 pitas • 1 gousse d'ail, coupée en deux
2 cuillerées à soupe d'huile d'olive, et un peu plus pour badigeonner et assaisonner
3 cuillerées à soupe de tahini • 2 cuillerées à soupe de jus de citron, ou à votre goût
1 cuillerée à café de sumac (ou de paprika fumé doux)
1 grosse poignée de pousses de chou kale • 50 g de cresson
240 g de tomates, émincées • 100 g de radis, coupés en lamelles
Fleur de sel • Poivre noir

Préchauffez le four à 180 °C. Frottez les pitas des deux côtés avec la gousse d'ail. Badigeonnez d'huile d'olive, coupez en morceaux et disposez sur une plaque de cuisson. Enfournez 10 minutes jusqu'à ce que le pain soit croustillant. Pour réaliser la sauce, écrasez le reste de l'ail dans un pot muni d'un couvercle à vis et ajoutez l'huile, le tahini, le jus de citron, le sumac et 4 cuillerées à soupe d'eau froide. Salez, poivrez, secouez vigoureusement puis réservez. Disposez tous les autres ingrédients dans un saladier, ajoutez les croûtons de pita et versez de la sauce en quantité suffisante pour napper les ingrédients. Servez immédiatement.

BOK CHOY, SHIITAKÉ & SÉSAME

Pour 1 personne
15 minutes de préparation + quelques minutes de refroidissement

INGRÉDIENTS

3 cuillerées à soupe d'huile de sésame grillé
75 g de champignons shiitake, émincés • 1 cuillerée à soupe de saké
½ cuillerée à soupe de mirin • 2 cuillerées à café de vinaigre de riz
½ cuillerée à soupe de nuoc-mâm • ½ cuillerée à café de gingembre frais, râpé
Fleur de sel • Poivre noir • 50 g de feuilles variées, par exemple de la roquette, des pousses de chou kale ou de moutarde
1 ou 2 botte(s) de bok choy, soit environ 70 g, en séparant les feuilles et en coupant en deux les plus grosses
40 g de radis, coupés en fines lamelles

Faites chauffer 1 cuillerée à soupe d'huile de sésame dans une poêle et faites revenir les champignons jusqu'à ce qu'ils soient mous et libèrent leur jus. Ajoutez le saké et le mirin puis laissez réduire. Salez et poivrez. Laissez refroidir un instant. Versez le reste d'huile de sésame, le vinaigre, le nuoc-mâm, le gingembre, du sel et du poivre dans un pot muni d'un couvercle à vis et secouez pour mélanger. Disposez la salade, le bok choy, les radis et les champignons refroidis dans un saladier et versez de la sauce en quantité suffisante pour bien enrober les ingrédients. Servez immédiatement.

COLESLAW

Pour 4 personnes, en accompagnement
10 minutes de préparation + 20 minutes d'infusion

INGRÉDIENTS

2 cuillerées à soupe de yaourt nature • 2 cuillerées à soupe de tahini
1 cuillerée à soupe de jus de citron, à votre goût
½ gousse d'ail, hachée finement • Fleur de sel • Poivre noir
1 petit navet, soit environ 100 g, pelé • 175 g de rutabaga, pelé
1 carotte moyenne, pelée • 1 pomme rouge • 1 poignée de coriandre, ciselée

Pour réaliser la sauce, mettez le yaourt, le tahini, le jus de citron, l'ail, le sel et le poivre dans un pot muni d'un couvercle à vis puis ajoutez 2 cuillerées à soupe d'eau et secouez énergiquement pour bien mélanger. Réservez. Taillez les légumes et la pomme en julienne, idéalement à l'aide d'une mandoline, puis en les découpant en allumettes. Disposez-les dans un saladier et ajoutez la coriandre. Versez la sauce par-dessus et mélangez pour bien enrober les ingrédients. Rajoutez du jus de citron, du sel ou du poivre à votre goût. Réservez 20 minutes avant de servir pour laisser les arômes infuser.

MÉLI-MÉLO DE PETITS POIS

Pour 4 personnes
1 h de préparation + une nuit de trempage

INGRÉDIENTS

185 g de pois chiches secs • 1 cuillerée à café de bicarbonate de soude
150 g de petits pois frais • 1 poignée de feuilles de menthe
1 poignée de feuilles d'aneth • 1 poignée de feuilles de persil
Les écorces de 2 citrons confits • 50 g de yaourt nature • 1 cuillerée à soupe
d'huile d'olive vierge extra • 1 cuillerée à café de jus de citron
1 cuillerée à café de sirop d'érable • 1 pincée de sel
2 cuillerées à café de feuilles de menthe, d'aneth et de persil, ciselées

Faites tremper les pois chiches secs pendant une nuit. Égouttez et rincez. Mettez les pois chiches et le bicarbonate de soude dans une casserole d'eau, portez à ébullition, puis laissez frémir pendant 40 minutes. Faites cuire les petits pois, puis rafraîchissez-les à l'eau froide. Passez les herbes, les écorces de citrons confits, le yaourt, l'huile, le jus de citron, le sirop d'érable et le sel au robot pendant 1 minute. Mélangez les pois chiches et les petits pois, puis ajoutez l'assaisonnement. Mélangez et parsemez d'herbes ciselées.

QUINOA, COURGETTE & CITRON

Pour 4 personnes
40 minutes de préparation

INGRÉDIENTS

5 oignons de printemps, émincés finement • 2 cuillerées à soupe d'huile d'olive vierge extra • 185 g de quinoa rouge et blanc, ou en mélange
30 g de pignons, grillés • Le zeste râpé et le jus de 1 citron
15 g de raisins de Corinthe • Sel • 50 g de yaourt nature
2 courgettes ou 6 minis, râpées • 2 poignées d'aneth, ciselé

Faites fondre les oignons de printemps dans 1 cuillerée à soupe d'huile. Ajoutez le quinoa et les pignons, et laissez cuire pendant 4 minutes. Ajoutez 370 ml d'eau, le zeste de citron, les raisins et une pincée de sel. Portez à ébullition, puis laissez frémir pendant 15 minutes. Fouettez le yaourt avec le jus de citron, 1 cuillerée à soupe d'eau, 1 cuillerée à café de sel et le reste d'huile. Mélangez tous les ingrédients de la salade, y compris les courgettes râpées, avec l'aneth ciselé. Nappez de yaourt.

TABOULÉ

Pour 4 personnes
30 minutes + une nuit de trempage (facultatif)

INGRÉDIENTS

90 g de haricots azuki secs ou 400 g en conserve, égouttés • 180 g de quinoa
2 grosses poignées de persil, grossièrement ciselé • 1 grosse poignée de menthe, grossièrement ciselée • 3 tomates moyennes, épépinées et coupées en petits cubes
1 concombre, épépiné et coupé en petits cubes • 25 g de graines de potiron
Le jus de ½ citron • Sel et poivre

ASSAISONNEMENT : 1 cuillerée à soupe de vinaigre de vin rouge
3 cuillerées à soupe d'huile d'olive vierge extra • 1 gousse d'ail, râpée
Un petit filet de sirop d'érable

Si vous utilisez des haricots secs, faites-les tremper pendant une nuit. Puis mettez-les dans une casserole d'eau et portez à ébullition. Laissez frémir pendant 45 minutes. Mettez le quinoa dans une casserole et couvrez de 360 ml d'eau. Portez à ébullition, couvrez la casserole, puis laissez frémir pendant 15 minutes.
Mettez le reste des ingrédients, les haricots et le quinoa dans un saladier et ajoutez le jus de citron ; salez et poivrez. Mélangez les ingrédients de l'assaisonnement, salez et poivrez généreusement. Versez sur la salade avant de servir.

SALADE D'HIVER

Pour 2 personnes
45 minutes de préparation

INGRÉDIENTS

90 g de lentilles du Puy • 1 gousse d'ail, pelée • 30 g de noisettes, épluchées
Le jus de 1 citron • 1 cuillerée à café de moutarde de Dijon
2 cuillerées à soupe d'huile d'olive vierge extra • 1 cuillerée à café de miel
1 cuillerée à soupe de vinaigre de vin blanc • Sel et poivre
1 avocat, pelé, dénoyauté et coupé en tranches • 1 poignée de persil, ciselé

Préchauffez le four à 200 °C. Mettez les lentilles dans une casserole avec 360 ml d'eau et l'ail, portez à ébullition, puis laissez frémir pendant 20 minutes. Retirez l'ail et égouttez. Pendant ce temps, faites griller les noisettes au four pendant 5 minutes. Fouettez le jus de citron, la moutarde, l'huile, le miel et le vinaigre jusqu'à l'obtention d'une pommade crémeuse ; réservez. Salez et poivrez. Mélangez l'avocat, les lentilles et les noisettes rôties, ajoutez le persil et incorporez la sauce.

SALADE MEXICAINE

Pour 4 personnes
1h25 de préparation + une nuit de trempage

INGRÉDIENTS

180 g de haricots azuki secs • 100 g de haricots mungo secs, entiers
4 cuillerées à soupe + 4 cuillerées à café d'huile de sésame
4 gousses d'ail, râpées • 3 ou 4 piments rouges ou verts, épépinés et hachés
3 oignons de printemps, émincés finement • Sel et poivre
1 poignée de feuilles de coriandre, grossièrement ciselées • Le jus de 1 citron vert

Faites tremper les haricots pendant une nuit, séparément. Égouttez et rincez. Mettez les haricots dans une grande casserole d'eau et portez à ébullition. Laissez frémir pendant 40 à 60 minutes jusqu'à ce que les haricots soient cuits, puis égouttez. Faites sauter les haricots dans 4 cuillerées à soupe d'huile avec l'ail, les piments et les oignons de printemps pendant 5 minutes. Ajoutez le reste d'huile, mélangez et retirez la casserole du feu. Salez et poivrez. Arrosez de jus de citron vert et parsemez de coriandre avant de servir.

BETTERAVE, ORGE PERLÉ & NOIX

Pour 4 personnes
1h15 de préparation

INGRÉDIENTS

180 g d'orge perlé • 3 cuillerées à soupe d'huile d'olive • 1 petit oignon rouge, émincé finement • Sel et poivre • 5 petites betteraves • 2 cuillerées à café de feuilles de thym • 3 cuillerées à soupe de vinaigre balsamique
100 g d'edamame (fèves de soja fraîches) • 40 g de noix, grillées et concassées
2 poignées de persil, ciselé

Préchauffez le four à 220 °C. Couvrez l'orge d'eau et faites cuire pendant 20 minutes, puis égouttez. Pendant que l'orge est encore chaude, arrosez de 2 cuillerées à soupe d'huile d'olive et ajoutez l'oignon ; salez et poivrez généreusement. Enveloppez les betteraves de papier d'aluminium avec du sel, le thym, le vinaigre et le reste d'huile. Enfournez et laissez cuire pendant 30 minutes. Quand elles ont refroidi, pelez-les et coupez-les en quartiers. Joignez-les à l'orge et mélangez soigneusement. Ajoutez les fèves, les noix et le persil. Salez et poivrez avant de servir.

QUINOA ROUGE, CHOU KALE & CACAHUÈTES

Pour 1 personne
20 minutes de préparation

INGRÉDIENTS

70 g de quinoa rouge, rincé et égoutté • 1 œuf
1 grosse poignée de feuilles variées comme le chou kale, la moutarde et la betterave, émincées finement • 1 oignon nouveau, haché finement
½ piment jalapeño vert, haché finement • 1 cuillerée à soupe de coriandre, ciselée
2 cuillerées à soupe d'huile d'olive vierge extra
2 cuillerées à soupe de jus de citron vert • ½ gousse d'ail écrasée
Fleur de sel • Poivre noir
2 cuillerées à soupe de cacahuètes, grillées et concassées

Cuisez le quinoa en suivant les indications de l'emballage. Égouttez et réservez. Portez une petite casserole d'eau à ébullition, placez-y l'œuf et laissez-le cuire 6 minutes. Passez-le sous l'eau froide et écalez-le en le laissant entier. Cuisez les feuilles à la vapeur jusqu'à ce qu'elles soient tout juste tendres. Mettez tous les autres ingrédients, à l'exception des cacahuètes, dans un pot muni d'un couvercle à vis et secouez pour les mélanger. Avant de servir, disposez le quinoa dans une assiette creuse et surmontez-le des feuilles vapeur. Coupez l'œuf en deux et ajoutez-le dans l'assiette. Versez quelques cuillerées de sauce, parsemez de cacahuètes et servez immédiatement.

SUR LE POUCE
et sain

1
2
3
4
5
6
7
8
9

Un en-cas ou une recette sur le pouce à partager avec ses amis peut aussi regorger de superaliments. Il n'y a pas de mal à se faire du bien !

Houmous, muffins salés, burritos, nems veggie, tacos de légumineuses... Que ce soit pour une pause déjeuner express ou pour un petit apéro, n'oubliez pas que la gourmandise se marie très bien avec les bienfaits de ses aliments vertueux pour votre santé.

HOUMOUS VERT

Pour 4 personnes
25 minutes à 1h25 de préparation + une nuit de trempage

INGRÉDIENTS

250 g de pois chiches secs ou 800 g de pois chiches en conserve
1 cuillerée à café de bicarbonate de soude • 1 petite pomme de terre, pelée et coupée en quartiers • 5 poignées d'épinard • 1 petit oignon rouge
1 cuillerée à café de graines de coriandre, grillées puis moulues
Le zeste râpé et le jus de 1 citron • Sel et poivre • 180 ml d'huile d'olive vierge extra
60 ml d'huile de colza ou d'huile d'arachide
1 oignon de printemps, émincé finement

Si vous utilisez des pois chiches secs, faites-les tremper une nuit avec le bicarbonate de soude. Égouttez-les, puis portez à ébullition et laissez frémir 1 heure. Ajoutez la pomme de terre et prolongez la cuisson 10 minutes, puis égouttez. Mixez les pois chiches, la pomme de terre, les épinards, l'oignon rouge, les graines de coriandre, le zeste et la moitié du jus de citron au robot. Ajoutez 1 cuillerée à café de sel et les deux huiles, puis mixez. Ajoutez du jus de citron pour assouplir le houmous ; assaisonnez si besoin. Parsemez d'oignon de printemps.

HOUMOUS AUX CACAHUÈTES

Pour 2 à 4 personnes, en accompagnement
5 minutes de préparation

INGRÉDIENTS

400 g de pois chiches, en conserve • 1 petite gousse d'ail
3 cuillerées à soupe de beurre de cacahuète crémeux
3 cuillerées à soupe de jus de citron, ou à votre goût
1½ cuillerée à café de cumin moulu • Fleur de sel • Poivre noir
Huile d'olive, pour l'assaisonnement
Légumes émincés au choix, en accompagnement

Égouttez les pois chiches en récupérant le liquide et rincez-les. Mélangez-les avec l'ail, le beurre de cacahuète, le jus de citron et le cumin dans le bol d'un robot culinaire et mixez jusqu'à l'obtention d'une crème lisse. Ajoutez un peu de jus des pois chiches pour délier la sauce si elle est trop épaisse et ajustez l'assaisonnement selon votre goût en ajoutant du jus de citron, du sel et du poivre. Transférez dans un bol et versez un filet d'huile d'olive. Servez l'houmous accompagné des légumes de votre choix à tremper.

NEMS VEGGIE

Pour 4 personnes
35 minutes de préparation

INGRÉDIENTS

120 ml de jus d'orange frais • 1 morceau de gingembre de 5 cm, pelé et râpé
1 cuillerée à café de sauce soja • 1 cuillerée à soupe de mirin • 1 cuillerée à café de sirop d'érable • 1 pincée de coriandre moulue • 1 gousse d'ail, râpée
140 g de tempeh, émincé en bâtonnets • 1 cuillerée à soupe d'huile d'olive
1 carotte, coupée en julienne • 8 petites feuilles de laitue romaine
1 poignée de coriandre, hachée • ½ citron vert

Mélangez le jus d'orange, le gingembre, la sauce soja, le mirin, le sirop d'érable, la coriandre et l'ail dans un saladier. Réservez. Faites frire le tempeh dans l'huile d'olive pendant 5 minutes, ajoutez la carotte et faites frire pendant 4 minutes. Versez la sauce au jus d'orange dans la poêle et laissez frémir pendant 10 minutes. Répartissez le tempeh et la carotte sur les feuilles de salade, parsemez de coriandre. Arrosez d'un filet de jus de citron vert avant de servir.

TOFU & CAROTTES MARINÉES

Pour 2 à 4 personnes, en accompagnement
30 minutes de préparation

INGRÉDIENTS

1 grosse carotte, taillée en julienne
1 cuillerée à café de sucre en poudre • ¼ de cuillerée à café de sel
4 cuillerées à soupe de vinaigre de riz • 1 cuillerée à soupe de sauce soja
1 ½ cuillerée à soupe de jus de citron vert
½ cuillerée à soupe de dashi ou de bouillon de légumes
100 g de fécule de maïs • Fleur de sel • Poivre noir
350 g de tofu soyeux, coupé en dés de 2 cm • Huile végétale, pour la friture

Mélangez la carotte, le sucre, le sel et la moitié du vinaigre. Réservez pendant 30 minutes puis égouttez. Pendant ce temps, émulsionnez le reste de vinaigre, la sauce soja, le jus de citron vert et le bouillon dans un bol et réservez. Versez la fécule de maïs dans une assiette creuse ; salez et poivrez. Roulez les dés de tofu dans la fécule pour les enrober. Faites chauffer de l'huile dans une poêle jusqu'à une hauteur de 5 mm et faites frire les dés de tofu, en les tournant en permanence pendant 5 minutes, jusqu'à ce qu'ils soient bien dorés et croustillants. Servez immédiatement avec les carottes marinées et de la sauce pour les y tremper.

ROULEAUX DE PRINTEMPS

Pour 8 rouleaux
45 minutes de préparation + 5 minutes de marinade

INGRÉDIENTS

115 g de tempeh, coupé en bâtonnets de 5 × 5 mm • 8 galettes de riz
½ grosse carotte, râpée • 25 g de laitue iceberg, déchiquetée
¼ de concombre, taillé en julienne • 25 g d'edamame (fèves de soja fraîches)
20 g de germes de soja • Feuilles de menthe, de basilic et de coriandre

---

MARINADE : 1 cuillerée à soupe de sauce soja • ½ cuillerée à soupe d'huile de sésame • ½ cuillerée à café de sauce aux piments sriracha
½ cuillerée à soupe d'huile végétale

SAUCE DIP : 2 gousses d'ail, râpées • ½ piment rouge, épépiné et haché
2 cuillerées à café de miel • Le jus de 1 citron vert
3 cuillerées à soupe de nuoc-mâm

Mélangez les ingrédients de la marinade, ajoutez le tempeh et laissez mariner 5 minutes. Saisissez le tempeh avec la marinade dans une poêle.
Faites ramollir les galettes de riz dans un saladier d'eau tiède, 2 ou 3 à la fois. Sortez-les de l'eau et laissez-les sécher légèrement.
Posez le tempeh, la carotte, la laitue, le concombre, les fèves, les germes de soja et quelques feuilles aromatiques au centre des galettes. Enroulez les galettes autour de la garniture et repliez les bords au fur et à mesure. Mélangez les ingrédients de la sauce dip et servez-la avec les rouleaux.

BISCOTTIS GRAINES & CHEDDAR

Pour environ 18 biscottis
30 minutes de préparation + 30 minutes de refroidissement

INGRÉDIENTS

60 g de beurre doux, en morceaux • 125 g de cheddar fort, râpé
60 g de farine complète + un peu • ½ cuillerée à café de fleur de sel • Poivre noir
2 cuillerées à café de graines de sésame • 2 cuillerées à café de graines de tournesol
2 cuillerées à café de graines de chia

Mélangez le beurre et le fromage dans le bol d'un robot culinaire. Ajoutez la farine, le sel et le poivre puis mélangez de façon à obtenir une pâte collante. Transférez dans un saladier, ajoutez les graines et pétrissez pour bien mélanger le tout. Déposez la pâte sur un plan de travail fariné et formez un rouleau d'environ 5 cm de diamètre. Enveloppez ce rouleau dans du papier sulfurisé et mettez au frais 30 minutes. Préchauffez le four à 180 °C et recouvrez une plaque de cuisson de papier sulfurisé. Découpez la pâte en disques de 3 mm d'épaisseur et placez-les sur le papier sulfurisé, en les espaçant. Enfournez 10 minutes jusqu'à ce que les biscuits soient légèrement dorés. Laissez refroidir 10 minutes puis transférez sur une grille.

MUFFINS LÉGUMES & FETA

Pour 12 muffins
45 minutes de préparation

INGRÉDIENTS

400 g de farine avec levure intégrée • 1 cuillerée à café de levure
1 cuillerée à soupe de son de blé • 1 cuillerée à café bombée d'origan séché
1 cuillerée à café de graines de nigelle • 30 g de graines mélangées, par exemple de chia, de lin et de tournesol • Fleur de sel • Poivre noir • 100 g de pousses d'épinard, émincées finement • 100 g de poivron rouge à l'huile, émincé
150 g de feta, émiettée • 2 cuillerées à soupe de parmesan, râpé finement + un peu
325 ml de boisson végétale au soja ou de lait de vache
4 cuillerées à soupe d'huile d'olive • 1 gros œuf

Préchauffez le four à 200 °C et déposez des moules en papier dans chacun des emplacements d'une plaque à muffins. Mélangez la farine, la levure, le son, l'origan et les graines puis salez et poivrez généreusement. Ajoutez les épinards, le poivron, la feta et le parmesan, et mélangez bien l'ensemble. Dans un autre récipient, mélangez le lait, l'huile et l'œuf. Incorporez ce mélange aux ingrédients secs et mélangez bien, puis versez la préparation dans les moules en papier. Saupoudrez de parmesan et enfournez les muffins 30 minutes jusqu'à ce qu'ils soient dorés et que la lame d'un couteau ressorte sèche du muffin.

BURRITOS TEMPEH & CRUDITÉS

Pour 2 personnes
30 minutes de préparation + 20 minutes de marinade

INGRÉDIENTS

125 g de tempeh, coupé en petits cubes • 1 carotte, taillée en julienne
½ branche de céleri, taillée en julienne • ½ petite orange, pelée et émincée
½ poivron rouge, épépiné et coupé en lamelles • Sel et poivre
2 tortillas de blé • 1 poignée de feuilles d'épinard

MARINADE : 1 cuillerée à café de piment en poudre • 1 cuillerée à café de miel
2 cuillerées à soupe de jus de citron • 1 cuillerée à café de paprika fumé
2 cuillerées à soupe d'huile d'olive

ASSAISONNEMENT : 2 cuillerées à soupe de tahini
2 cuillerées à soupe de vinaigre de cidre • 1 cuillerée à café de miel

Mélangez les ingrédients de la marinade, ajoutez le tempeh et laissez mariner pendant 20 minutes. Mélangez les ingrédients de l'assaisonnement, ajoutez la carotte, le céleri, le poivron et l'orange écrasée ; salez et poivrez. Faites frire le tempeh avec la marinade pendant 2 minutes. Posez une couche d'épinard dans les tortillas, puis les légumes, puis le tempeh. Repliez les tortillas, coupez-les en deux et servez.

TACOS DE LÉGUMINEUSES

Pour 4 personnes
55 minutes de préparation + 1 h de trempage

INGRÉDIENTS

1 grosse patate douce, pelée et coupée en petits morceaux • 1 petit oignon rouge, émincé finement • 1 cuillerée à soupe d'huile d'olive • 1 cuillerée à café de paprika fumé • 1 poivron vert, émincé finement• 2 tomates moyennes, épépinées et taillées en cubes • 200 g de pois chiches en conserve, égouttés et rincés • 1 cuillerée à café de pâte de chipotle • 100 ml de yaourt nature • 1 piment vert, émincé finement
1 poignée de coriandre, grossièrement ciselée • ½ citron

TACOS : 100 g de lentilles corail • 100 g de haricots mungo entiers
1 gousse d'ail, râpée • ½ cuillerée à café de cumin en poudre
½ cuillerée à café de graines de cumin • 1 ½ cuillerée à café de sel
2 cuillerées à soupe d'huile d'olive, pour la friture

Pour les tacos, faites tremper les lentilles et les haricots mungo dans 230 ml d'eau pendant 1 heure. Égouttez et mixez avec le reste des ingrédients. Si la pâte vous paraît trop épaisse, ajoutez 1 ou 2 cuillerées à soupe d'eau (la consistance doit être celle d'une pâte à crêpes).
Préchauffez le four à 200 °C. Enfournez et faites rôtir la patate douce pendant 25 minutes. Faites chauffer 2 cuillerées à soupe d'huile d'olive dans une poêle, versez 1 cuillerée à soupe de pâte et laissez cuire pendant 3 minutes de chaque côté. Répétez l'opération pour 8 tacos. Faites frire l'oignon dans l'huile pendant 2 minutes. Ajoutez le paprika, le poivron, les tomates, les pois chiches et la pâte de chipotle et laissez cuire pendant 2 minutes. Ajoutez la patate douce, mélangez puis couvrez les tacos de la préparation. Nappez de yaourt, parsemez de piment et de coriandre, et arrosez de jus de citron.

TORTILLAS

Pour 4 personnes
15 minutes de préparation

INGRÉDIENTS

240 g de tofu extra-ferme • 1 oignon rouge, émincé finement
½ cuillerée à café de piment en poudre • 1 cuillerée à soupe d'huile végétale
1 piment vert, émincé finement • 1 tomate, épépinée et concassée finement
1 poignée de jeunes feuilles d'épinard • 4 petites tortillas de maïs
1 poignée de feuilles de coriandre, grossièrement ciselées

Écrasez le tofu. Faites frire l'oignon dans l'huile avec le piment en poudre pendant 2 minutes. Ajoutez le piment vert et la tomate et faites frire pendant 1 minute. Ajoutez le tofu et faites frire pendant 2 minutes, puis ajoutez les épinards et continuez la cuisson jusqu'à ce qu'ils commencent à flétrir. Faites chauffer les tortillas au micro-ondes pendant 10 secondes. Répartissez la brouillade de tofu sur les tortillas et parsemez de coriandre.

GREEN PIZZA

Pour 4 personnes
30 minutes de préparation

INGRÉDIENTS

120 g de farine de pois chiche • 1 ½ cuillerée à soupe d'huile d'olive vierge extra + un peu pour arroser • 40 g de parmesan, râpé • 1 cuillerée à soupe de feuilles de thym • 1 cuillerée à soupe de feuilles de basilic, déchiquetées
Sel et poivre • 1 boule de mozzarella di bufala, coupée en tranches
roquette, pour la garniture

PESTO AUX NOIX DE CAJOU : 150 g de noix de cajou • 1 poignée de feuilles de basilic frais • 1 grosse poignée de jeunes feuilles d'épinard
Le jus de ½ citron • 4 cuillerées à soupe d'huile d'olive vierge extra
4 cuillerées à soupe d'huile de colza ou d'huile d'arachide

Préchauffez le four à 240 °C et huilez un moule à manqué de 22 ou 24 cm de diamètre. Mixez tous les ingrédients du pesto au robot. Salez et poivrez. Tamisez la farine, incorporez 240 ml d'eau plus 1 cuillerée à soupe et l'huile, en fouettant. Ajoutez le parmesan et les herbes, salez et poivrez et fouettez pour bien mélanger. Versez la pâte dans le moule à manqué, enfournez et laissez cuire pendant 15 minutes. Étalez le pesto sur la base de la pizza, ajoutez la mozzarella, puis la roquette et arrosez d'un filet d'huile d'olive.

TOMATO TARTE

Pour 4 personnes
35 minutes de préparation

INGRÉDIENTS

55 g de harissa • 55 g de ricotta • Sel et poivre • 1 poivron rouge, rôti et émincé
10 tomates cerises, émincées • Huile d'olive, pour badigeonner

---

FOND DE TARTE : 55 g de farine de pois chiche • 110 g de farine
½ cuillerée à soupe de levure chimique • 1 pincée de sel
125 ml de bière blonde • Polenta, pour saupoudrer

Préchauffez le four à 200 °C. Pour le fond de tarte, mélangez les ingrédients secs, ajoutez la bière et mélangez intimement. Saupoudrez une plaque de four de polenta et étalez la pâte pour lui donner une forme de pizza rustique. Étalez la harissa sur le fond. Ajoutez la ricotta ; salez et poivrez légèrement. Posez les tranches de poivron et de tomate sur la harissa. Repliez les bords de la pâte et badigeonnez d'huile. Enfournez et laissez cuire pendant 20 minutes.

GALETTE-PIZZA 4 SAISONS

Pour 1 personne
15 minutes de préparation

INGRÉDIENTS

200 g de pulpe de tomates concassées • Fleur de sel • Poivre noir
1 grande galette de maïs • Une poignée de pousses d'épinard, émincées
4 cœurs d'artichaut à l'huile, égouttés et coupés en quatre
Le zeste de ½ citron confit, haché finement
1 boule de mozzarella d'environ 125 g, coupée en tranches
Huile d'olive pour l'assaisonnement • Feuilles de basilic, à parsemer

Faites chauffer la galette de maïs dans une poêle chaude jusqu'à ce qu'elle gonfle et dore en dessous. Déposez-la sur une plaque de cuisson et répartissez la sauce tomate dessus. Disposez les épinards, les artichauts et le zeste de citron confit ; salez et poivrez. Surmontez de tranches de mozzarella et versez un filet d'huile d'olive. Placez sous le gril jusqu'à ce que le fromage soit fondu et doré. Parsemez de feuilles de basilic. Découpez en parts et servez.

GALETTE VERTE

Pour 4 personnes
45 minutes de préparation

INGRÉDIENTS

2 oignons de printemps, émincés finement • 1 cuillerée à soupe d'huile d'olive
100 g d'amandes, mondées • 2 grosses poignées de roquette
1 gousse d'ail • Sel • Le jus de 1 citron • 12 tomates cerises coupées
en deux et rôties pendant 30 minutes • 1 avocat mûr, émincé
100 g de feta, émiettée • 1 piment rouge, émincé

GALETTE :

100 g de pistaches, décortiquées • 50 g de graines de potiron
50 g de graines de tournesol • 100 g de châtaignes sous vide • 1 cuillerée à soupe
de sirop d'érable • Le zeste râpé de 1 citron • 1 petite poignée de feuilles de thym
1 cuillerée à soupe d'huile d'olive • Sel et poivre

Préchauffez le four à 200 °C. Pour le fond de galette, faites rôtir les pistaches et les graines pendant 8 minutes. Mixez avec les châtaignes, le sirop d'érable, le zeste de citron, le thym, l'huile, le sel et le poivre. Modelez la pâte en disque de 5 mm d'épaisseur sur du papier sulfurisé. Piquez avec une fourchette, enfournez et laissez cuire pendant 20 minutes. Faites fondre les oignons de printemps dans l'huile. Mixez les amandes et la roquette au robot avec l'ail, le sel et la moitié du jus de citron. Étalez le pesto de roquette sur la galette, ajoutez les tomates, l'avocat, la feta et le piment. Arrosez du reste de jus de citron et parsemez d'oignon de printemps.

SOUPES
santé

1
2
3
4
5
6
7
8
9

Les soupes sont un excellent moyen de diversifier les nutriments essentiels en les associant au sein d'une seule et même recette !

Veloutés, crèmes, bouillons, soupes complètes... Quelle que soit votre soupe préférée, les recettes de ce chapitre vous apporteront tout ce dont votre organisme a besoin pour préserver sa santé, sans jamais oublier la gourmandise !

PETIT POIS, ÉPINARD & SÉSAME NOIR

Pour 4 personnes
40 minutes de préparation

INGRÉDIENTS

1 oignon, émincé finement • 1 piment vert, épépiné et haché finement
1 pomme de terre moyenne, pelée et coupée en dés • 1 cuillerée à soupe d'huile d'olive • 500 g d'edamame (fèves de soja fraîches)
100 g de petits pois frais • 200 g de jeunes feuilles d'épinard
1,2 litre de bouillon de légumes • Sel et poivre
Graines de sésame noires et huile de sésame, pour le service

Faites fondre l'oignon, le piment et la pomme de terre dans l'huile d'olive pendant 4 minutes. Ajoutez les fèves de soja, les petits pois, les épinards et le bouillon. Couvrez et laissez frémir pendant 20 minutes. Salez, poivrez, puis passez la soupe au mixeur. Décorez avec les graines de sésame et arrosez d'un filet d'huile de sésame.

CAROTTE, ORANGE & GINGEMBRE

Pour 2 personnes
5 minutes de préparation + 20 minutes de cuisson

INGRÉDIENTS

5 carottes, grossièrement hachées • 1 oignon, haché
1 cm de gingembre frais, pelé et râpé
1 cm de curcuma frais, pelé et râpé ou ½ cuillerée à café de curcuma moulu
1 orange, pelée et coupée en quartiers • 1 cuillerée à café de zeste d'orange, râpé
1 cuillerée à soupe d'huile d'olive • 500 ml de bouillon de légumes ou de volaille
Sel • Poivre noir du moulin

Faites revenir les carottes, l'oignon, le gingembre et le curcuma dans l'huile d'olive 5 minutes à feu doux. Versez le bouillon. Portez à ébullition, puis laissez mijoter 8 à 10 minutes jusqu'à ce que les carottes soient tendres. Ajoutez l'orange et le zeste. Mixez jusqu'à obtenir une texture lisse. Réchauffez 3 minutes à feu doux. Assaisonnez avant de servir.

SOUPE DU SOLEIL

Pour 4 personnes
50 minutes de préparation + 5 minutes de refroidissement

INGRÉDIENTS

2 poivrons rouges ou jaunes, coupés en deux et épépinés
500 g de tomates, coupées en deux • 2 cuillerées à soupe d'huile d'olive, + un peu
Quelques filaments de safran, hachés
1 litre de bouillon de poulet ou de légumes chaud • 1 oignon rouge, haché
2 gousses d'ail, hachées finement • 1 cuillerée à café bombée d'origan, haché
Fleur de sel • Poivre noir • Yaourt nature ou crème fraîche, pour décorer
Graines de sésame grillées, pour décorer

Mettez les poivrons et les tomates sur une plaque de cuisson, côté coupé vers le bas, versez un filet d'huile d'olive et placez la plaque sous le gril chaud jusqu'à ce que les poivrons noircissent et que les tomates boursouflent. Laissez refroidir puis pelez les poivrons. Ajoutez le safran au bouillon et réservez. Faites chauffer l'huile d'olive dans une casserole et faites revenir l'oignon jusqu'à ce qu'il soit tendre. Enfin, ajoutez l'ail et laissez-le frire quelques minutes. Ajoutez les poivrons et les tomates grillés, le bouillon et l'origan. Salez, poivrez et laissez mijoter 20 minutes. Laissez refroidir un instant puis mixez. Réchauffez. Servez en ajoutant une touche de yaourt ou de crème fraîche et des graines de sésame.

MINESTRONE

Pour 4 personnes
1h30 de préparation + une nuit de trempage

INGRÉDIENTS

250 g de haricots azuki • 1 oignon, grossièrement émincé • 2 carottes, coupées en petits morceaux • 1 branche de céleri, émincée • 1 cuillerée à soupe d'huile d'olive
2 gousses d'ail, émincées • 1 feuille de laurier • 1 cuillerée à soupe de cumin en poudre • 1 cuillerée à soupe de paprika fumé • 2 cuillerées à soupe de concentré de tomates • 400 g de tomates concassées en conserve • 1 cuillerée à café de miel
90 g de quinoa • 180 g de bette, grossièrement émincée • Sel et poivre
1 cuillerée à soupe d'origan, grossièrement ciselé

Faites tremper les haricots pendant une nuit ; égouttez et rincez.
Faites fondre l'oignon, les carottes et le céleri dans l'huile, à feu doux, pendant 10 minutes. Ajoutez l'ail, le laurier et les épices, et laissez cuire 3 minutes. Incorporez le concentré de tomates, puis les tomates et poursuivez la cuisson de 5 minutes. Versez 1,8 litre d'eau, puis ajoutez les haricots. Portez à ébullition et laissez frémir pendant 1 heure.
15 minutes avant la fin de la cuisson, ajoutez le miel, le quinoa et la bette.
Salez, poivrez et ajoutez l'origan avant de servir.

TOMATE, POIVRON & CURCUMA

Pour 2 personnes
5 minutes de préparation + 20 minutes de cuisson

INGRÉDIENTS

250 g de tomates concassées en conserve • 1 poivron rouge, épépiné et haché
1 oignon rouge, grossièrement haché • 1 gousse d'ail, râpée
1 cuillerée à soupe de pulpe de tamarin (dénoyautée)
2,5 cm de curcuma frais, pelé et râpé ou 1 cuillerée à café de curcuma moulu
1 cuillerée à soupe d'huile d'olive

Faites revenir l'oignon et l'ail dans l'huile d'olive 3 minutes. Ajoutez le poivron et faites revenir 5 minutes. Incorporez les tomates, le curcuma et le tamarin, et remuez 1 minute. Ajoutez 500 ml d'eau. Portez à ébullition, puis laissez mijoter 10 minutes. Mixez jusqu'à obtenir une texture lisse. Servez.

BOK CHOY, TOFU & WAKAMÉ

Pour 4 personnes
20 minutes de préparation

INGRÉDIENTS

500 ml de bouillon de légumes ou de poulet • ½ cuillerée à soupe de sauce soja
1 cuillerée à café de wakamé séché • 80 g de tofu ferme, coupé en dés
1 botte de bok choy, soit environ 100 g une fois les feuilles séparées et émincées

Versez le bouillon dans une casserole et ajoutez la sauce soja. Portez à ébullition puis réservez 10 minutes. Pendant ce temps, laissez le wakamé tremper dans de l'eau chaude 10 minutes, puis égouttez et retirez les éventuelles parties dures. Ajoutez le wakamé, le tofu et le bok choy au bouillon. Versez la soupe dans des assiettes creuses et servez immédiatement.

ÉPINARD & CURCUMA

Pour 2 personnes
5 minutes de préparation + 25 minutes de cuisson

INGRÉDIENTS

200 g d'épinards surgelés, légèrement décongelés • 1 petit oignon, haché
1 petite courgette, hachée • 1 cuillerée à soupe d'huile d'olive
1 cm de curcuma frais, pelé et râpé ou ½ cuillerée à café de curcuma moulu
Sel • Poivre noir du moulin

Faites fondre l'oignon dans l'huile d'olive 3 à 4 minutes. Ajoutez le curcuma et faites revenir 1 minute. Incorporez les épinards, la courgette et 500 ml d'eau ; remuez. Portez à ébullition, puis laissez mijoter 20 minutes. Mixez jusqu'à obtenir une texture lisse. Assaisonnez généreusement et servez.

CRÈME DE POIS CASSÉS

Pour 4 personnes
2 h de préparation

INGRÉDIENTS

2 oignons, grossièrement émincés
1 cuillerée à soupe d'huile d'olive + un filet pour arroser
360 g de pois cassés verts, secs • 1,2 litre de bouillon de légumes
½ tête de brocoli, fleurettes coupées en deux + 1 fleurette en supplément détaillée en petits morceaux • Le jus de ½ citron • Sel et poivre

Faites fondre les oignons dans l'huile. Ajoutez les pois cassés et le bouillon, portez à ébullition et laissez frémir pendant 1h30. Préchauffez le four à 200 °C. Ajoutez la tête de brocoli dans la soupe et laissez frémir pendant 5 à 6 minutes. Arrosez le supplément de brocoli d'un filet d'huile, saupoudrez de sel et faites-le rôtir au four pendant 6 minutes. Passez la soupe au mixeur pour la réduire en purée et relevez de jus de citron à votre convenance. Salez, poivrez et décorez de morceaux de brocoli rôtis.

COURGETTE, PETIT POIS & MENTHE

Pour 2 personnes
5 minutes de préparation + 20 minutes de cuisson

INGRÉDIENTS

2 courgettes, hachées grossièrement • 40 g de petits pois surgelés
2 brins de menthe • 500 ml de bouillon de légumes • 1 gousse d'ail, hachée finement
1 cm de curcuma frais, pelé et râpé ou ½ cuillerée à café de curcuma moulu
1 cuillerée à soupe d'huile d'olive • Sel • Poivre noir du moulin

Faites revenir les courgettes et l'ail dans l'huile d'olive pendant 5 minutes jusqu'à ce que les courgettes soient tendres. Ajoutez le curcuma, les petits pois et le bouillon. Portez à ébullition, puis laissez mijoter 2 minutes. Mixez avec la menthe jusqu'à obtenir une texture lisse. Assaisonnez, puis servez.

CRÈME DE CHOU-FLEUR & HARICOT

Pour 4 personnes
30 minutes de préparation + 5 minutes de refroidissement

INGRÉDIENTS

1 oignon rouge, haché • 1 cuillerée à café de cumin moulu
300 g de chou-fleur, en émincant les fleurettes et les tiges
1 litre de bouillon de légumes • 2 cuillerées à soupe d'huile d'olive
240 g de haricots rouges ou pinto, cuits ou en conserve,
égouttés et rincés • Crème fraîche, pour décorer

Faites chauffer l'huile dans une casserole et faites dorer l'oignon. Ajoutez le cumin et le chou-fleur, et laissez cuire à feu moyen-vif, tout en mélangeant, jusqu'à ce que le chou-fleur commence à dorer. Ajoutez le bouillon et les haricots. Réduisez le feu et laissez cuire sans couvercle jusqu'à ce que le chou-fleur soit tendre. Une fois le chou-fleur cuit, laissez refroidir légèrement puis mixez la soupe. Réchauffez à feu moyen, salez et poivrez à votre convenance et surmontez de crème fraîche avant de servir.

LENTILLES & ÉPINARD

Pour 2 personnes
5 minutes de préparation + 45 minutes de cuisson

INGRÉDIENTS

100 g de lentilles brunes • 1 petit oignon, haché finement • 2 gousses d'ail, râpées
1 carotte moyenne, hachée finement • 1 tomate moyenne, hachée
1 poignée d'épinards • 1 cuillerée à soupe de paprika
1 cm de curcuma frais, pelé et râpé ou ½ cuillerée à café de curcuma moulu
1 cuillerée à soupe d'huile d'olive • Sel • Poivre noir du moulin

Faites revenir l'oignon, l'ail, le curcuma et la carotte dans l'huile d'olive 5 minutes jusqu'à ce qu'ils soient tendres. Ajoutez le paprika, les épinards, les lentilles et 500 ml d'eau. Portez à ébullition, puis laissez mijoter 30 minutes, sans couvrir. Ajoutez la tomate et le sel, et faites mijoter 10 minutes jusqu'à ce que les lentilles soient cuites. Assaisonnez avant de servir.

MINESTRONE DE POIS CHICHES

Pour 4 personnes
2h45 de préparation + une nuit de trempage

INGRÉDIENTS

110 g de pois chiches secs ou 400 g de pois chiches en conserve • 1 carotte moyenne, coupée en petits dés • 1 branche de céleri, coupée en petits dés
1 oignon, coupé en petits dés • 1 cuillerée à soupe d'huile d'olive
2 cuillerées à soupe de concentré de tomates
1 brin de romarin • 500 ml de bouillon de légumes ou de volaille
1 croûte de parmesan + du parmesan râpé, pour saupoudrer • Sel et poivre
225 g de petites pâtes sèches tubulaires, cuites *al dente*

Si vous utilisez des pois chiches secs, faites-les tremper une nuit ; égouttez et rincez. Mettez-les dans une casserole avec de l'eau, portez à ébullition et laissez frémir pendant 2 heures jusqu'à ce qu'ils soient tendres. Égouttez. Faites sauter la carotte, le céleri et l'oignon dans l'huile jusqu'à ce qu'ils soient tendres. Ajoutez le concentré de tomates, le romarin, remuez, puis ajoutez les deux tiers des pois chiches. Couvrez de bouillon et ajoutez la croûte de parmesan. Portez à ébullition et laissez frémir pendant 20 minutes. Retirez le romarin et la croûte de parmesan. Passez au robot jusqu'à l'obtention d'une purée lisse. Ajoutez le reste de pois chiches, salez et poivrez. Ajoutez les pâtes et saupoudrez de parmesan râpé et de persil ciselé.

COCOCORAIL

Pour 4 personnes
1 h de préparation

INGRÉDIENTS

150 g de pois cassés jaunes • 150 g de lentilles corail
1 carotte, coupée en petits morceaux • 2 cuillerées à soupe de gingembre, râpé
2 cuillerées à soupe de garam masala • 1 cuillerée à café de cumin en poudre
1 cuillerée à soupe d'huile d'olive • 5 oignons de printemps, émincés finement
3 cuillerées à soupe de concentré de tomates • 400 g de lait de coco en conserve
50 g de raisins secs, blonds • Sel et poivre

POUR DÉCORER : 1 poignée de feuilles de coriandre, grossièrement ciselées
Noix de coco séchée, grillée • Piment rouge, émincé

Mettez les pois cassés, les lentilles et 1,2 litre d'eau dans une grande casserole. Portez à ébullition et laissez frémir, puis ajoutez la carotte et la moitié du gingembre. Couvrez et laissez cuire pendant 30 minutes. Faites frire le garam masala et le cumin dans l'huile pendant 1 minute. Ajoutez les oignons de printemps, le reste de gingembre et le concentré de tomates et continuez la cuisson pendant 2 minutes. Incorporez cette préparation aux pois cassés et aux lentilles. Ajoutez le lait de coco et les raisins secs, et laissez frémir pendant 20 minutes. Salez, poivrez et décorez avant de servir.

VELOUTÉ DE CHAMPIGNON

Pour 2 personnes
5 minutes de préparation + 25 minutes de cuisson

INGRÉDIENTS

450 g de champignons de Paris, pelés et hachés • 1 petit oignon, haché
1 gousse d'ail, hachée finement • 1 cm de curcuma frais, pelé et râpé
ou ½ cuillerée à café de curcuma moulu • 500 ml de bouillon de légumes
2 brins de thym • 1 cuillerée à soupe d'huile d'olive
Sel • Poivre noir du moulin

Faites revenir l'oignon et l'ail dans l'huile d'olive jusqu'à ce qu'ils soient tendres. Ajoutez les champignons, le thym et le curcuma, et faites revenir 10 minutes. Versez le bouillon. Portez à ébullition, puis laissez mijoter 10 minutes. Mixez jusqu'à obtenir une texture lisse. Assaisonnez, puis servez.

NOODLES SOUPE

Pour 2 personnes
10 minutes de préparation + 15 minutes de cuisson

INGRÉDIENTS

1 oignon, haché finement • 1 cuillerée à soupe de gingembre frais, râpé
2 poignées d'épinards • 2 gousses d'ail, râpées • ½ cuillerée à café de cumin moulu
½ cuillerée à café de coriandre moulue • 600 ml de bouillon de légumes
200 g de pois chiches cuits • 60 g de nouilles sèches
1 cuillerée à soupe d'huile d'olive • 2,5 cm de curcuma frais, pelé et râpé
ou 1 cuillerée à café de curcuma moulu • Sel • Poivre noir du moulin

Faites revenir l'oignon, le gingembre, le curcuma et l'ail 3 minutes dans l'huile d'olive. Ajoutez le cumin et la coriandre, et faites revenir encore 1 minute. Versez le bouillon et amenez à ébullition. Ajoutez les pois chiches, les nouilles et les épinards. Laissez cuire 3 minutes jusqu'à ce que les nouilles soient ramollies. Assaisonnez avant de servir.

LÉGUMES
du marché

1
2
3
4
5
6
7
8
9

Célébrez les légumes frais, leurs saveurs et tous les trésors nutritifs dont ils regorgent pour vous faire du bien au quotidien.

Une assiette équilibrée doit être composée pour moitié de fruits et légumes, d'un quart de protéines et d'un quart de féculents complets.

En entrée, plat principal ou en accompagnement… découvrez dans ce chapitre comment cuisiner des recettes saines et bienfaisantes.

COURGE, BETTERAVE & CHATAÎGNE

Pour 4 personnes, en accompagnement
40 minutes de préparation

INGRÉDIENTS

800 g de courge poivrée, coupée en morceaux de 2 cm de largeur
3 cuillerées à soupe d'huile d'olive + un peu • Fleur de sel • Poivre noir
160 g de châtaignes sous vide, coupées en deux
6 cuillerées à soupe de yaourt à la grecque
1 cuillerée à soupe de sauce sriracha (sauce pimentée), ou à votre goût
2 grosses poignées de feuilles de betterave, émincées
1 grosse poignée de coriandre, ciselée

Préchauffez le four à 200 °C. Déposez la courge sur une plaque de cuisson, nappez d'huile et assaisonnez. Enfournez 30 minutes jusqu'à ce qu'elle soit tout juste tendre. Ajoutez les châtaignes dans le plat, remuez pour les enrober d'huile et remettez au four 10 minutes supplémentaires. Pour réaliser la sauce, mélangez le yaourt et la sauce sriracha. Avant de servir, disposez les feuilles de betterave dans un plat, versez un filet d'huile d'olive et mélangez pour bien les enrober. Ajoutez la courge rôtie et les châtaignes par-dessus, puis versez la sauce au yaourt. Parsemez de coriandre et servez.

BOK CHOY GLACÉ

Pour 4 personnes, en accompagnement
10 minutes de préparation

INGRÉDIENTS

2 cuillerées à soupe d'huile d'arachide ou d'une autre huile neutre
1 morceau de 3 cm de gingembre frais, pelé et haché finement
1 petite poignée de coriandre, ciselée finement
1 piment rouge, ou plus selon votre goût, épépiné et haché finement
4 grosses bottes de bok choy, coupées en quatre dans le sens de la longueur
2 cuillerées à soupe de mirin • 120 ml de bouillon de poulet ou de légumes
Sauce soja, à votre goût • Huile de sésame, pour l'assaisonnement

Faites chauffer l'huile dans une poêle ou un wok à feu vif. Ajoutez le gingembre, les brins de coriandre et le piment puis faites revenir 1 minute. Ajoutez le bok choy et laissez cuire jusqu'à ce qu'il s'attendrisse, puis ajoutez le mirin, le bouillon et la sauce soja. Laissez sur le feu jusqu'à ce que le bok choy soit tendre tout en conservant de la tenue. Transférez dans un plat et versez un filet d'huile de sésame. Servez immédiatement.

GREEN PURÉE

Pour 4 personnes, en accompagnement
30 minutes de préparation

INGRÉDIENTS

600 g de pommes de terre farineuses, coupées en quatre avec la peau
2 cuillerées à soupe de beurre doux • 60 g de chou kale, émincé finement
60 g de chou vert ou cavalier, tranché finement
60 g de chou pommé, émincé finement
200 ml de lait de vache ou de boisson végétale au soja, ou à base de lin, voire plus si nécessaire • 1 gousse d'ail, écrasée • Fleur de sel • Poivre noir

Faites cuire les pommes de terre jusqu'à ce qu'elles soient tendres. Faites fondre la moitié du beurre dans une grande poêle et faites-y revenir le chou kale, le chou vert et le chou pommé jusqu'à ce qu'ils soient tendres tout en conservant de la tenue. Réservez. Versez le lait dans une casserole avec l'ail. Portez à ébullition puis retirez du feu et maintenez au chaud. Une fois les pommes de terre cuites, écrasez-les avec le reste de beurre et de lait, sans l'ail, jusqu'à l'obtention d'une purée lisse et crémeuse. Ajoutez plus de lait, si nécessaire, pour obtenir la consistance souhaitée. Incorporez les légumes puis salez et poivrez à votre convenance. Servez immédiatement.

LAITUE VINAIGRETTE & ŒUFS MIMOSA

Pour 4 personnes, en accompagnement
15 minutes de préparation

INGRÉDIENTS

2 cuillerées à soupe de mayonnaise • 2 cuillerées à soupe de crème fraîche
½ gousse d'ail, écrasée • 5 feuilles de basilic, hachées finement
Fleur de sel • Poivre noir • 3 grosses laitues romaines, coupées en deux
dans le sens de la longueur • Huile d'olive • 3 œufs durs, émiettés
3 cuillerées à soupe de noisettes grillées, concassées

Pour réaliser la sauce, mettez la mayonnaise, la crème fraîche, l'ail, le basilic, le sel, le poivre et un filet d'eau dans un pot muni d'un couvercle à vis et secouez énergiquement. Ajoutez de l'eau pour la diluer, si nécessaire. Réservez. Faites chauffer une poêle à griller à feu vif. Badigeonnez le côté coupé des laitues d'huile d'olive et posez-les sur la poêle à griller, côté coupé en dessous, jusqu'à ce qu'elles suent légèrement et soient grillées. Retournez-les et faites-les griller rapidement de l'autre côté. Elles doivent rester fermes à cœur. Transférez dans un plat, arrosez de sauce et saupoudrez d'œuf. Servez, parsemé de noisettes avec le reste de sauce.

LÉGUMES-FEUILLES GLACÉS

Pour 4 personnes, en accompagnement
10 minutes de préparation

INGRÉDIENTS

300 g de légumes-feuilles variés comme le chou vert ou cavalier, le chou kale et l'endive, tranchés • 2 cuillerées à soupe d'huile de noisette
4 cuillerées à soupe de vinaigre balsamique
80 g de beurre doux • Fleur de sel • Poivre noir

Faites cuire les légumes-feuilles à la vapeur environ 2 minutes jusqu'à ce qu'ils soient tout juste tendres. Transférez dans un saladier, ajoutez l'huile de noisette et réservez à température ambiante. Faites chauffer le vinaigre balsamique à feu moyen dans une petite casserole. Mélangez constamment, surtout lorsqu'il commence à bouillonner et à épaissir, jusqu'à l'obtention d'un sirop.
Ajoutez le beurre et faites-le fondre dans ce sirop.
Versez le sirop sur les légumes verts, mélangez et assaisonnez généreusement de sel et de poivre. Servez immédiatement.

GRATIN DE NAVETS

Pour 4 personnes, en accompagnement
50 minutes de préparation

INGRÉDIENTS

400 ml de lait de vache ou de boisson végétale au soja, ou à base de lin, voire plus si nécessaire • 400 ml de crème fraîche épaisse • 2 gousses d'ail, hachées
2 branches de thym • 2 feuilles de laurier • Fleur de sel • Poivre noir
600 g de navets, pelés et tranchés finement, idéalement avec une mandoline
1 grosse poignée de fanes de navet (ou des pousses de chou kale ou d'épinard), émincées • 90 g de gruyère, râpé

Préchauffez le four à 200 °C. Versez le lait, la crème, l'ail, le thym et le laurier dans une casserole et assaisonnez. Laissez mijoter 3 minutes à feu doux, puis retirez du feu. Ajoutez les navets. Versez davantage de lait, si nécessaire, pour les recouvrir et faites mijoter jusqu'à ce qu'ils soient tout juste tendres. Faites cuire les fanes de navet à la vapeur jusqu'à ce qu'elles soient à peine tendres. Égouttez les navets en réservant le lait à la crème. Retirez le thym et le laurier. Alternez des couches de navet, de fanes de navet et de fromage dans un plat à gratin, en versant du lait à la crème après chaque couche. Terminez par du gruyère. Enfournez 30 minutes jusqu'à ce que le gratin soit doré et bouillonne.

CURRY SANTÉ

Pour 4 personnes, en accompagnement
40 minutes de préparation

INGRÉDIENTS

25 g de noix de coco séchée • 125 ml d'eau bouillante
3 cuillerées à soupe d'huile végétale • 4 gousses de cardamome
4 clous de girofle • ½ gros piment vert, coupé en deux dans le sens de la longueur et épépiné • ½ bâton de cannelle • 500 g de courge pelée, égrenée et taillée en morceaux de 2,5 cm • 250 g de rutabaga, pelé et taillé en morceaux de 2,5 cm • 250 g de navets, pelés et taillés en morceaux de 2,5 cm
¼ de cuillerée à café de fleur de sel

Faites tremper la noix de coco dans de l'eau bouillante. Faites chauffer l'huile dans une grande casserole jusqu'à ce qu'elle soit très chaude, puis ajoutez les gousses de cardamome, les clous de girofle, le piment et le bâton de cannelle. Faites revenir 30 secondes, tout en mélangeant constamment, puis ajoutez les légumes. Faites-les cuire, tout en mélangeant, jusqu'à ce qu'ils soient dorés (environ 8 minutes). Baissez le feu au minimum, salez et laissez cuire sans couvercle jusqu'à ce que les légumes soient très tendres (environ 20 minutes). Mélangez fréquemment pour éviter qu'ils ne collent. Ajoutez la noix de coco et l'eau chaude. Mélangez pour bien enrober les légumes et laissez cuire quelques minutes supplémentaires afin que l'eau s'évapore, puis servez.

LÉGUMES À LA MÉDITERRANÉENNE

Pour 4 personnes, en accompagnement
40 minutes de préparation

INGRÉDIENTS

300 g d'aubergines, coupées en gros dés • 1 cuillerée à café de sel • 120 ml d'huile d'olive • 1 oignon rouge, émincé • 2 gousses d'ail, hachées finement
2 grosses tomates bien mûres, coupées en dés • ½ poivron rouge, coupé en dés
140 g de cœurs d'artichaut à l'huile, coupés en petits morceaux
1 cuillerée à soupe bombée de câpres • 30 g de raisins secs • 1 grosse pincée de piment de Cayenne • 2 cuillerées à soupe de vinaigre de vin rouge
Fleur de sel • Poivre noir • 1 poignée de feuilles de basilic, ciselées

Placez les dés d'aubergine dans une passoire au-dessus d'un récipient, saupoudrez de sel et laissez égoutter pendant 20 minutes avant de les tamponner avec du papier absorbant. Faites chauffer 2 cuillerées à soupe d'huile dans une poêle et faites revenir l'oignon jusqu'à ce qu'il soit tendre. Ajoutez l'ail et laissez frire 2 minutes. Transférez dans une assiette. Nettoyez la poêle. Faites chauffer le reste d'huile à feu moyen-vif et faites revenir les dés d'aubergine jusqu'à ce qu'ils soient dorés. Remettez l'oignon et l'ail dans la poêle, puis ajoutez les tomates, le poivron et 120 ml d'eau. Laissez mijoter 15 minutes. Retirez du feu et ajoutez le reste des ingrédients. Assaisonnez et parsemez de basilic.

BROCHETTES DE LÉGUMES

Pour 2 personnes
1h20 de préparation + 30 minutes de trempage

INGRÉDIENTS

1 courgette, coupée en morceaux • 1 aubergine, coupée en morceaux
1 poivron rouge, coupé en morceaux • 1 oignon rouge, coupé en quartiers
8 tomates cerises • Huile d'olive, pour arroser • Sel et poivre
100 g de boulgour • 100 g de quinoa • 50 g de pignons de pin grillés
1 poignée de persil, grossièrement ciselé

PESTO : 50 g d'amandes mondées, grillées • 3 gousses d'ail
125 ml d'huile d'olive vierge extra • 125 g d'huile d'arachide
70 g de feuilles de menthe • 30 g de feuilles de persil
2 cuillerées à café de miel • Le jus de ½ citron

Faites tremper 8 brochettes en bois pendant 30 minutes au moins. Piquez les légumes sur les brochettes, arrosez d'un filet d'huile d'olive, salez et poivrez. Faites cuire pendant 15 minutes sur un gril préchauffé ou un barbecue chaud. Couvrez le boulgour de 100 ml d'eau bouillante et laissez gonfler pendant 20 minutes. Mettez le quinoa dans une casserole, couvrez de 200 ml d'eau froide et laissez cuire, à couvert, pendant 15 minutes ; égouttez. Mélangez le quinoa et le boulgour avec les pignons, le persil, le sel et le poivre, puis arrosez d'un filet d'huile. Mixez les ingrédients du pesto au robot pendant 1 minute. Servez les brochettes sur un lit de boulgour avec le pesto.

LÉGUMES À LA MAROCAINE

Pour 4 personnes
1 h de préparation

INGRÉDIENTS

1 oignon rouge, coupé en quartiers • 2 gousses d'ail, râpées
2 tomates, coupées en quartiers • 200 g de courge butternut, coupée en morceaux
1 carotte, coupée en morceaux • 1 poivron rouge, coupé en petits morceaux
½ cuillerée à café de cannelle en poudre • ½ cuillerée à café de cumin en poudre
½ cuillerée à café de graines de cumin • ½ cuillerée à café de coriandre moulue
½ cuillerée à café de ras el-hanout (facultatif) • ½ cuillerée à café de curcuma
Sel et poivre • 2 cuillerées à soupe d'huile d'olive • 250 ml de bouillon de légumes
400 g de pois chiches en conserve, égouttés et rincés • 1 poignée de persil, ciselé

SAUCE : 100 ml de yaourt nature • 1 cuillerée à soupe de harissa

Préchauffez le four à 220 °C. Faites sauter tous les légumes et les épices, y compris le sel et le poivre, dans l'huile pendant 30 minutes, puis transvasez-les dans une casserole et couvrez de bouillon. Portez à ébullition, laissez frémir, puis ajoutez les pois chiches. Laissez cuire pendant 30 minutes ; salez et poivrez. Mélangez le yaourt et la harissa. Saupoudrez les légumes de persil et servez avec la sauce yaourt à la harissa.

POTÉE DE LENTILLES À LA TOMATE

Pour 4 personnes, en accompagnement
45 minutes de préparation

INGRÉDIENTS

2 cuillerées à soupe d'huile d'olive • 2 oignons, hachés
3 gousses d'ail, hachées finement
250 g de lentilles du Puy en conserve, rincées et égouttées
400 g de tomates concassées en conserve • 600 ml de bouillon de légumes

Faites chauffer l'huile dans un faitout, ajoutez les oignons et laissez cuire à feu moyen pendant 5 minutes jusqu'à ce qu'ils commencent à fondre. Ajoutez l'ail et un filet d'eau, puis réduisez le feu et couvrez. Laissez cuire 10 minutes, ou jusqu'à ce qu'ils soient tendres, en rajoutant de l'eau, si nécessaire. Ajoutez les lentilles et laissez mijoter quelques minutes supplémentaires. Ajoutez les tomates et le bouillon, couvrez et laissez cuire 20 à 30 minutes.

CAROTTES AU MIEL, CITRON & SÉSAME

Pour 4 personnes, en accompagnement
30 minutes de préparation

INGRÉDIENTS

1 grosse botte de carottes variées avec leurs fanes • Fleur de sel • Poivre noir
90 ml d'huile d'olive vierge extra + 2 cuillerées à soupe pour la cuisson
30 ml de jus de citron • 1 gousse d'ail, écrasée • 2 cuillerées à soupe de miel liquide
¼ de cuillerée à café de moutarde à l'ancienne
1 cuillerée à soupe de graines de sésame noir

Préchauffez le four à 200 °C. Coupez les fanes des carottes, émincez-les grossièrement et réservez. Disposez les carottes sur une plaque de cuisson, versez 2 cuillerées à soupe d'huile d'olive et assaisonnez. Enfournez 25 à 30 minutes jusqu'à ce qu'elles soient tendres et commencent à caraméliser. Pour réaliser la sauce, mixez l'huile, le jus de citron, l'ail, le miel, la moutarde, le sel et du poivre. Ajoutez les fanes de carotte et mixez brièvement. Une fois les carottes cuites, versez de la sauce en quantité suffisante pour les napper et parsemez de graines de sésame. Présentez le reste de sauce à part.

TOMATES RÔTIES AU BASILIC

Pour 4 personnes, en accompagnement
1h30 de préparation

INGRÉDIENTS

6 tomates moyennes, coupées en deux • 3 gousses d'ail, écrasées
1 grosse poignée de feuilles de basilic • 3 cuillerées à soupe d'huile d'olive
Fleur de sel • Poivre noir

Préchauffez le four à 170 °C. Disposez les tomates sur une plaque de cuisson, côté coupé vers le bas. Mélangez les autres ingrédients dans un pot muni d'un couvercle à vis puis versez ce mélange sur les tomates pour les enrober. Enfournez 1h30, selon leur maturité et leur taille. Elles seront prêtes lorsqu'elles seront molles et ridées. Servez chaud ou froid.

SALADE CHAUDE AUX ENDIVES

Pour 4 personnes, en accompagnement
40 minutes de préparation

INGRÉDIENTS

2 bottes de radis avec les fanes
6 endives rouges ou vertes, coupées en deux dans le sens de la longueur
90 g de beurre doux, fondu • 2 cuillerées à soupe d'huile d'olive
2 cuillerées à soupe de miel liquide • 1 bon filet de jus de citron
1 branche de thym, sans la tige • Fleur de sel • Poivre noir

Préchauffez le four à 190 °C. Coupez les extrémités des radis, séparez les fanes et réservez. Coupez les radis en deux ou en quatre pour qu'ils aient tous à peu près la même taille et disposez-les sur une plaque de cuisson avec les moitiés d'endive. Émulsionnez le beurre, l'huile d'olive, le miel, le jus de citron, le thym, le sel et le poivre. Versez cette sauce sur les légumes et mélangez. Enfournez 25 à 30 minutes jusqu'à ce que les légumes soient tendres, en remuant la plaque une ou deux fois pendant la cuisson. Une fois les légumes cuits, ajoutez les fanes de radis sur la plaque chaude et mélangez jusqu'à ce qu'elles suent. Assaisonnez à votre goût et servez.

RATATOUILLE ÉPICÉE

Pour 2 personnes, en accompagnement
1 h de préparation + 30 minutes d'égouttage

INGRÉDIENTS

200 g d'aubergine, coupée en dés de 2 cm • ½ cuillerée à café de sel
2 cuillerées à soupe d'huile d'olive • 3 gousses d'ail, hachées
½ oignon rouge, haché • 150 g de tomate bien mûre, coupée en dés
1 piment vert, haché finement • ½ cuillerée à café de garam masala
150 g de poivron rouge, taillé en morceaux de 2 cm
Fleur de sel • Poivre noir

Préchauffez le four à 220 °C. Mettez les dés d'aubergine dans une passoire au-dessus d'un récipient, salez et laissez égoutter pendant 30 minutes. Séchez délicatement, mettez sur une plaque de cuisson recouverte de papier sulfurisé et versez la moitié de l'huile. Enfournez 15 minutes jusqu'à ce que l'aubergine soit tendre.
Faites chauffer le reste de l'huile dans une poêle et faites revenir l'ail et l'oignon jusqu'à ce qu'ils soient dorés. Ajoutez la tomate, le piment et le garam masala puis laissez cuire 2 minutes. Incorporez le poivron, l'aubergine, 50 ml d'eau, le sel et le poivre. Couvrez et laissez cuire 30 minutes, ou jusqu'à ce que les légumes soient tendres en rajoutant de l'eau, s'il en manque.

GREEN TAJINE

Pour 4 personnes
1h05 de préparation

INGRÉDIENTS

½ oignon rouge, émincé grossièrement • ½ cuillerée à soupe d'huile d'olive
½ gousse d'ail, émincée finement • ½ cuillerée à soupe de gingembre, râpé
½ cuillerée à café de curcuma moulu • ¼ de cuillerée à café de gingembre en poudre
½ cuillerée à café de cumin en poudre • 100 g de lentilles
150 g de fèves fraîches ou congelées • 4 artichauts violets, pelés et coupés en deux
½ citron confit, épépiné et émincé finement • 1 poignée d'olives vertes
Sel et poivre • 1 poignée de persil, ciselé finement
1 poignée de feuilles de coriandre, ciselées finement

Faites frire l'oignon dans l'huile pendant 3 minutes. Ajoutez l'ail, le gingembre et les épices, et remuez pendant 30 secondes. Ajoutez les lentilles, couvrez d'eau, portez à ébullition, puis laissez frémir pendant 20 minutes. Ajoutez les fèves, les artichauts, le citron et les olives et couvrez d'eau. Portez à ébullition, puis laissez frémir pendant 20 minutes ; salez et poivrez. Parsemez d'herbes.

ORZOTTO PRIMAVERA

Pour 2 personnes
35 minutes de préparation

INGRÉDIENTS

500 ml de bouillon de légumes • 150 g de pâtes orzo
200 g d'asperges, épluchées et coupées en morceaux de 2 cm
100 g de petits pois surgelés • 100 g de fèves, écossées
1 poignée de feuilles de basilic, déchiquetées
2 cuillerées à soupe d'huile d'olive vierge extra
30 g de copeaux de parmesan

Portez le bouillon de légumes à ébullition. Ajoutez les pâtes et laissez cuire pendant 7 à 10 minutes, puis égouttez. Portez 500 ml d'eau à ébullition dans une autre casserole, puis laissez frémir, ajoutez les asperges et laissez cuire pendant 3 minutes 30. Retirez les asperges et ajoutez les petits pois. À la reprise de l'ébullition, ajoutez les fèves et laissez cuire pendant 30 secondes, puis égouttez. Mélangez les pâtes et les légumes, puis ajoutez le basilic et l'huile d'olive. Parsemez de copeaux de parmesan avant de servir.

DHAL ÉPICÉ

Pour 4 personnes
50 minutes de préparation

INGRÉDIENTS

1 cuillerée à café de graines de cumin • 1 cuillerée à café de graines de coriandre
2 cuillerées à café de graines de moutarde jaunes • 1 cuillerée à café
de graines de fenugrec • ½ cuillerée à café de cannelle en poudre
1 cuillerée à café d'éclats de piment rouge • 1 oignon, émincé finement
1 cuillerée à soupe d'huile d'olive • 2 gousses d'ail, râpées • 1 morceau
de gingembre de 2,5 cm, pelé et râpé • 2 gousses de cardamome, épépinées
1 litre de bouillon de légumes • 1 cuillerée à soupe de concentré de tomates
220 g de lentilles corail • 5 tomates cerises, coupées en 2 • Le jus de 1 citron vert
1 poignée de feuilles de coriandre, grossièrement ciselées

Faites griller les graines à sec dans une casserole jusqu'à ce qu'elles commencent à exploser. Écrasez-les au pilon dans un mortier ; ajoutez la cannelle et le piment. Faites sauter l'oignon dans l'huile pendant 4 minutes ; ajoutez l'ail, le gingembre et les épices, y compris la cardamome, et faites sauter pendant 3 minutes. Ajoutez le bouillon, le concentré de tomates et les lentilles. Portez à ébullition, puis laissez frémir pendant 20 minutes. Ajoutez les tomates, le jus de citron vert et la coriandre, et poursuivez la cuisson pendant 10 minutes.

MIJOTÉ À LA GRECQUE

Pour 4 personnes
1h30 de préparation + une nuit de trempage

INGRÉDIENTS

225 g de haricots de Lima secs ou 450 g en conserve • 4 branches de céleri, émincées finement • 1 cuillerée à soupe d'huile d'olive • 6 oignons de printemps, émincés finement • 4 gousses d'ail, émincées finement • 1 cuillerée à café de graines de carvi, légèrement concassées • Sel et poivre • 400 g de tomates olivettes en conserve, égouttées, rincées, évidées et concassées grossièrement 1 citron, coupé en quatre • 10 olives noires, dénoyautées et émincées grossièrement

Si vous utilisez des haricots secs, faites-les tremper pendant une nuit ; égouttez et rincez. Faites revenir le céleri dans l'huile, à feu doux, pendant 10 minutes. Ajoutez la moitié des oignons de printemps, l'ail, les graines de carvi et 2 pincées de sel. Faites cuire à feu doux pendant 10 minutes. Ajoutez les tomates et poursuivez la cuisson pendant 2 minutes. Ajoutez les haricots et 200 ml d'eau et laissez frémir, à couvert, pendant 45 minutes. Salez et poivrez. Posez les olives et le reste d'oignons de printemps sur le dessus avant de servir avec les quartiers de citron.

PETITS PLATS *gourmands*

1
2
3
4
5
6
7
8
9

Cuisiner des superaliments au quotidien ne veut pas dire tirer un trait sur sa gourmandise. Au contraire !

Que vous prépariez un repas pour une, quatre ou six personnes, l'exercice sera le même : identifier la recette qui vous fait envie, faire la liste des ingrédients disponibles dans votre réfrigérateur, passer en cuisine et finalement déguster votre petit plat avec plaisir…

PASTA AU PESTO

Pour 1 personne
15 minutes de préparation

INGRÉDIENTS

100 g de fusilli • 2 cuillerées à soupe d'huile d'olive vierge extra + un peu
20 g de chou kale, sans les tiges dures, émincé • ½ gousse d'ail
1 poignée de feuilles de basilic • 10 g de cacahuètes grillées non salées, hachées grossièrement + un peu pour parsemer
15 g de parmesan râpé + un peu pour saupoudrer
Jus de citron, selon votre goût • Fleur de sel • Poivre noir

Faites cuire les pâtes en suivant les indications de l'emballage. Égouttez et nappez d'un filet d'huile d'olive. Pendant ce temps, froissez le kale entre vos mains pour le ramollir. Mixez-le ou écrasez-le pour en faire une sorte de pâte. Ajoutez l'ail, les 2 cuillerées à soupe d'huile d'olive, le basilic, les cacahuètes et le parmesan. Mixez ou écrasez jusqu'à l'obtention de la consistance souhaitée en rajoutant de l'huile, si nécessaire. Ajoutez du jus de citron, du sel et du poivre selon vos goûts puis mélangez avec les pâtes chaudes. Servez, parsemé de parmesan et de cacahuètes concassées.

BOWL ASIATIQUE

Pour 1 personne
25 minutes de préparation

INGRÉDIENTS

1 filet de saumon d'environ 120 g, sans la peau
3 cuillerées à soupe de sauce soja • 100 g de vermicelles de riz d'épaisseur moyenne
2 cuillerées à soupe d'huile d'arachide ou d'une autre huile neutre + un peu
1 petite botte de bok choy, en séparant les feuilles
1 pincée de piment de Cayenne, ou selon votre goût

Déposez le saumon dans une assiette creuse, versez la moitié de la sauce soja et retournez-le pour le napper. Laissez mariner. Pendant ce temps, faites tremper les nouilles dans de l'eau bouillante pendant 5 minutes, puis rincez-les et nappez-les d'un filet d'huile. Réservez. Faites chauffer la moitié de l'huile dans une poêle et faites cuire le saumon 2 à 3 minutes de chaque côté. Émiettez le poisson et réservez. Nettoyez la poêle, ajoutez le reste d'huile et faites revenir le bok choy 1 minute. Ajoutez les nouilles, le saumon émietté, le piment de Cayenne et le reste de sauce soja. Mélangez délicatement. Servez immédiatement.

RISOTTO DE CHOU-FLEUR

Pour 1 personne
20 minutes de préparation

INGRÉDIENTS

300 g de chou-fleur, découpé en petites fleurettes
1 cuillerée à café bombée de miso blanc • 300 ml d'eau bouillante
1 ½ cuillerée à soupe de beurre doux • ½ cuillerée à soupe d'huile d'olive
1 échalote, émincée finement
70 g d'artichauts à l'huile, coupés en petits morceaux
3 cuillerées à soupe bombées de parmesan râpé, plus un peu
Le zeste de ½ citron, haché finement • Fleur de sel • Poivre noir
1 poignée de feuilles de basilic ciselées

Mixez le chou-fleur à l'aide d'un robot culinaire jusqu'à la taille de grains de riz. Diluez le miso dans l'eau bouillante. Faites fondre 1 cuillerée à soupe de beurre dans l'huile dans une casserole. Ajoutez l'échalote et cuisez à feu doux jusqu'à ce qu'elle soit tendre. Ajoutez le chou-fleur et mélangez pour l'enrober. Ajoutez la moitié du bouillon au miso et laissez mijoter 10 minutes, tout en mélangeant et en ajoutant du bouillon au fur et à mesure. Le chou-fleur doit être tendre, tout en conservant de la tenue. Il doit rester du liquide pour réaliser la sauce. Incorporez les artichauts, puis retirez du feu et ajoutez le reste de beurre, le parmesan, le zeste de citron, le sel et le poivre. Servez, parsemé de feuilles de basilic et de parmesan.

COURGE, CANNEBERGE & NOIX DE PÉCAN

Pour 1 personne
40 minutes de préparation

INGRÉDIENTS

300 g de courge poivrée, pelée, égrenée et taillée en petits morceaux
4 cuillerées à soupe d'huile d'olive, plus un peu
Fleur de sel • Poivre noir • 160 g de semoule de couscous israélien
375 ml de bouillon de poulet ou de légumes • 1 cuillerée à soupe de jus de citron
1 cuillerée à café de moutarde de Dijon • 1 poignée de roquette
1 poignée de canneberges séchées • 1 poignée de noix de pécan, concassées

Préchauffez le four à 200 °C. Déposez la courge sur une plaque de cuisson, versez un filet d'huile et assaisonnez. Enfournez 20 à 30 minutes jusqu'à ce qu'elle soit tendre et commence à caraméliser. Mettez la semoule de couscous dans une casserole, ajoutez 1 cuillerée à soupe d'huile et faites chauffer à feu moyen-vif jusqu'à ce que les graines soient grillées. Ajoutez le bouillon, portez à ébullition puis réduisez le feu au minimum et couvrez. Laissez cuire 15 minutes ou jusqu'à ce que le bouillon soit absorbé. Émulsionnez le reste d'huile, le jus de citron, la moutarde, le sel et le poivre. Une fois la semoule cuite, retirez-la du feu. Ajoutez la roquette et mélangez jusqu'à ce qu'elle sue. Ajoutez la sauce, les canneberges, les noix de pécan et la courge.

GRATIN DE PÂTES AUX LÉGUMES VERTS

Pour 1 personne
1 h de préparation

INGRÉDIENTS

85 g de penne • 20 g de beurre doux, plus un peu
15 g de farine • 250 ml de lait, voire plus, si nécessaire
40 g de comté, gruyère ou cheddar, râpé • ¼ de cuillerée à café de paprika
1 pincée de muscade • ½ cuillerée à café de moutarde de Dijon
Fleur de sel • Poivre noir • 50 g de légumes verts, par exemple du chou vert, des feuilles de betterave, des fanes de navet, du chou kale, des épinards ou du chou cavalier, émincés finement • 25 g de pain au levain ou de campagne, émietté
2 cuillerées à café d'huile d'olive • 2 cuillerées à café de graines de tournesol
2 cuillerées à café de noisettes en poudre

Faites cuire les penne dans de l'eau salée selon les indications de l'emballage. Égouttez et réservez. Préchauffez le four à 180 °C et beurrez légèrement un petit plat à gratin. Faites fondre le beurre dans une casserole jusqu'à ce qu'une mousse se forme puis ajoutez la farine. Mélangez constamment à feu moyen pendant 1 minute, puis incorporez le lait, petit à petit. Laissez cuire à feu doux pendant 5 minutes jusqu'à ce que la béchamel commence à épaissir, puis incorporez le fromage, l'assaisonnement, les légumes et les pâtes. Versez dans le plat. Mixez le pain, l'huile d'olive, les graines de tournesol et les noisettes en poudre jusqu'à ce que tous les éléments soient mélangés et en miettes. Répartissez sur les pâtes et enfournez 30 minutes.

BOWL DE LÉGUMES & FETA

Pour 1 personne
50 minutes de préparation

INGRÉDIENTS

2 carottes moyennes, coupées en bâtonnets
80 g de navet, pelé et coupé en bâtonnets de 7 × 2 cm
3 cuillerées à soupe d'huile d'olive • 2 cuillerées à soupe de jus de citron
Fleur de sel • Poivre noir • 50 g de tomates cerises coupées en quatre
150 g de grains de blé ou d'épeautre cuits • 60 g de feta, émiettée

Préchauffez le four à 200 °C. Disposez les carottes et le navet sur une plaque de cuisson. Ajoutez 1 cuillerée à soupe d'huile d'olive, la moitié du jus de citron, du sel et du poivre. Enfournez 20 minutes puis ajoutez les tomates. Mélangez pour napper les légumes et laissez cuire 20 minutes supplémentaires ou jusqu'à ce qu'ils soient tendres. Mélangez les grains de blé ou d'épeautre, la feta et les légumes rôtis avec le reste d'huile d'olive et de jus de citron ; salez et poivrez à votre goût. Servez immédiatement.

KALE, HARICOT BLANC & NOISETTE

Pour 1 personne
20 minutes de préparation

INGRÉDIENTS

40 g de chou kale, sans les grosses tiges, émincé finement
1 cuillerée à soupe d'huile d'olive, voire plus, si nécessaire
½ gousse d'ail, hachée finement • 1 cuillerée à soupe bombée de chapelure, idéalement réalisée avec du pain de seigle ou au levain • 1 cuillerée à soupe de noisettes, hachées finement • 1 cuillerée à soupe de graines de tournesol
Le zeste râpé et le jus de ½ citron • 1 pincée de piment de Cayenne
3 cuillerées à soupe de persil, haché • Fleur de sel • Poivre noir
100 g de haricots blancs géants, cuits ou en conserve, rincés et égouttés
3 cuillerées à soupe de parmesan, râpé

Faites cuire le kale à la vapeur jusqu'à ce qu'il soit tendre. Réservez. Pour réaliser la panure, faites chauffer la moitié de l'huile dans une poêle et faites revenir rapidement l'ail jusqu'à ce qu'il soit légèrement doré. Ajoutez la chapelure, les noisettes et les graines de tournesol puis faites revenir à feu moyen-vif jusqu'à ce que l'ensemble soit croustillant. Incorporez le zeste de citron, le piment de Cayenne, le persil, le sel et le poivre. Réservez. Nettoyez la poêle, ajoutez le reste d'huile d'olive et faites revenir les haricots en une seule couche pendant quelques minutes afin qu'ils soient dorés en dessous. Puis retournez-les et faites dorer l'autre côté. Ajoutez le kale, mélangez délicatement et arrosez de jus de citron. Assaisonnez généreusement. Servez les haricots et le kale surmontés de panure et de parmesan.

CHILI AU CACAO

Pour 1 personne
40 minutes de préparation

INGRÉDIENTS

1 cuillerée à soupe d'huile d'olive • ½ oignon rouge, haché
1 petite gousse d'ail, hachée • ½ petit piment rouge, émincé finement
100 ml de purée de tomates • 80 ml de bouillon de légumes, voire plus, si nécessaire
200 g de haricots rouges en conserve, rincés et égouttés
10 g de chocolat noir à 100 % de cacao, râpé • ½ cuillerée à café de cumin moulu
Fleur de sel • Poivre noir • 1 filet de jus de citron vert

Faites chauffer l'huile dans une petite casserole et faites revenir l'oignon jusqu'à ce qu'il soit tendre. Ajoutez l'ail et le piment, et laissez mijoter quelques minutes supplémentaires. Ajoutez la purée de tomates, le bouillon, les haricots, le chocolat, le cumin, le sel et le poivre. Portez à ébullition puis réduisez le feu et laissez mijoter 20 à 30 minutes à feu doux, sans couvercle, tout en mélangeant régulièrement. Ajoutez le jus de citron vert, et davantage de sel ou de poivre à votre convenance. Ce plat est délicieux accompagné de riz vapeur.

POIVRONS FARCIS

Pour 4 personnes
55 minutes de préparation

INGRÉDIENTS

2 poivrons rouges, coupés en deux et épépinés • 100 g de lentilles du Puy cuites
1 gousse d'ail, émincée • 2 filets d'anchois à l'huile, hachés
50 g de feta, émiettée • 2 tomates moyennes, épépinées et concassées
Sel et poivre • 1 poignée de feuilles de basilic
2 cuillerées à soupe d'huile d'olive

Préchauffez le four à 200 °C. Versez 2 cuillerées à soupe de lentilles dans chaque moitié de poivron. Répartissez l'ail entre les poivrons et ajoutez un demi-filet d'anchois. Ajoutez la feta et les tomates ; salez et poivrez. Couvrez les poivrons d'une feuille de papier d'aluminium, enfournez et laissez rôtir pendant 25 minutes, puis retirez le papier d'aluminium et continuez la cuisson pendant 15 minutes. Mixez le basilic et l'huile au robot pendant 1 minute. Arrosez les poivrons d'un filet d'huile au basilic.

MAQUEREAU AU FOUR

Pour 1 personne
20 minutes de préparation

INGRÉDIENTS

1 maquereau entier, nettoyé et vidé • 2 rondelles de citron, plus le jus de ½ citron
2 cuillerées à soupe d'huile d'olive, plus un peu
Fleur de sel • Poivre noir • 5 tomates cerises, dont 3 coupées en deux et 2 en dés
½ gousse d'ail, hachée finement • 1 petite poignée de coriandre, ciselée

Préchauffez le four à 180 °C. Faites trois incisions de chaque côté du maquereau. Farcissez-le de citron et assaisonnez l'intérieur et l'extérieur. Posez-le sur une petite plaque de cuisson et versez le jus de citron dessus. Disposez les tomates coupées en deux autour du poisson et versez un filet d'huile d'olive. Enfournez 15 minutes ou jusqu'à ce que la chair du poisson se détache facilement de l'arête.

Faites chauffer l'huile d'olive à feu doux dans une casserole, ajoutez l'ail et laissez-le revenir. Ajoutez les tomates en dés et la coriandre jusqu'à ce que la sauce soit chaude. Servez le poisson nappé de sauce et accompagné des tomates cerises.

TARTINE DE MAQUEREAU À LA TOMATE

Pour 1 personne
20 minutes de préparation

INGRÉDIENTS

1 filet de maquereau • 1 cuillerée à soupe d'huile d'olive + un peu
½ cuillerée à café de sel • ½ oignon rouge, haché finement
½ cuillerée à soupe de vinaigre balsamique • 100 ml de purée de tomates
¼ de cuillerée à café de paprika fumé
Fleur de sel • Poivre noir • 1 tranche de pain au levain

Badigeonnez les deux côtés du filet de maquereau d'huile et saupoudrez de sel. Faites chauffer l'huile dans une petite casserole, ajoutez l'oignon et laissez-le cuire jusqu'à ce qu'il soit tendre. Ajoutez le vinaigre et faites réduire jusqu'à l'obtention d'un sirop. Incorporez la purée de tomates, le paprika, 50 ml d'eau, le sel et le poivre. Laissez mijoter doucement jusqu'à l'obtention d'une sauce épaisse, puis retirez du feu. Placez le maquereau sur la grille du four recouverte de papier d'aluminium, côté peau sur le dessus, et laissez cuire 2 minutes sous le gril ou jusqu'à ce que la peau boursoufle. Retournez et cuisez 1 minute supplémentaire. Faites griller le pain. Servez le maquereau sur la tartine, nappé de sauce.

SAUMON AU CRESSON

Pour 1 personne
20 minutes de préparation

INGRÉDIENTS

1 filet de saumon, d'environ 120 g • 1 filet de jus de citron
Fleur de sel • Poivre noir • 1 cuillerée à soupe de beurre doux
1 échalote, hachée finement • 70 g de cresson
120 ml de bouillon de poulet ou de légumes ou de fumet de poisson
1 cuillerée à soupe de crème fraîche

Préchauffez le four à 180 °C. Déposez le saumon sur une feuille d'aluminium, versez le jus de citron et assaisonnez. Refermez hermétiquement le papier d'aluminium et enfournez 15 minutes. Faites fondre le beurre dans une casserole et faites revenir l'échalote jusqu'à ce qu'elle soit tendre. Émincez la moitié du cresson (y compris les tiges) et incorporez-le. Faites revenir 2 minutes avant d'ajouter le bouillon. Laissez cuire 1 minute, puis incorporez la crème fraîche et assaisonnez. Laissez refroidir légèrement. Mixez jusqu'à l'obtention d'une texture lisse, puis passez au chinois, si vous le souhaitez. Ajoutez du sel et du poivre à votre convenance avant de faire réchauffer. Retirez les tiges dures du reste de cresson et disposez les feuilles dans une assiette. Surmontez du saumon et terminez par la sauce.

BURGER AU SAUMON

Pour 1 personne
25 minutes de préparation + 20 minutes de refroidissement

INGRÉDIENTS

1 filet de saumon, sans la peau, d'environ 120 g, coupé en morceaux
½ cuillerée à café de gingembre frais, râpé • ½ gousse d'ail, hachée finement
10 g de mie de pain frais • Fleur de sel • Poivre noir
Farine, à saupoudrer • 2 cuillerées à soupe d'huile de colza ou d'arachide
Pain à hamburger • 1 cuillerée à soupe de mayonnaise
1 poignée de roquette

Hachez le saumon grossièrement à l'aide d'un robot culinaire. Transférez dans un saladier et incorporez le gingembre, l'ail, la mie de pain, le sel et le poivre. Formez un steak de poisson et mettez 20 minutes au frais. Ensuite, saupoudrez légèrement le poisson de farine. Faites chauffer l'huile dans une poêle et cuisez le steak 3 à 4 minutes de chaque côté. Servez dans un pain à hamburger, sur un lit de roquette, avec de la mayonnaise.

FRIAND DE LÉGUMES AU CHEDDAR

Pour 1 personne
1 h de préparation

INGRÉDIENTS

2 cuillerées à café d'huile d'olive • ¼ d'oignon jaune, taillé en petits dés
80 g de pommes de terre (vitelottes, par exemple), coupées en petits dés
80 g de navets ou de rabioles, coupés en petits dés
Fleur de sel • Poivre noir • 20 g de chou kale, émincé finement
1 carré de 20 cm de pâte feuilletée, de 3 cm d'épaisseur • 40 g de cheddar, râpé

Faites chauffer l'huile dans une casserole et faites fondre l'oignon. Ajoutez les dés de pomme de terre et de navet et faites-les revenir jusqu'à ce qu'ils soient tendres (10 à 15 minutes). Assaisonnez puis ajoutez le kale. Mélangez, laissez cuire 1 à 2 minutes puis réduisez le feu au minimum, couvrez et laissez mijoter 20 minutes jusqu'à ce qu'il soit tout juste tendre. Préchauffez le four à 220 °C. Posez la pâte sur une plaque de cuisson recouverte de papier sulfurisé. Mélangez le fromage et les légumes, puis déposez le tout sur la partie inférieure de la pâte, en laissant une marge de 1 cm. Badigeonnez le bord d'eau, pliez la pâte en deux et refermez bien les bords en appuyant. Faites des entailles sur le dessus puis enfournez 25 minutes de façon que le friand soit doré.

GREEN OMELETTE

Pour 4 à 6 personnes
45 minutes de préparation

INGRÉDIENTS

300 g de courge poivrée, pelée et égrenée, en petits dés
4 cuillerées à soupe d'huile d'olive • Fleur de sel
Poivre noir • 150 g de bettes, émincées
4 oeufs, légèrement battus • 100 g de feta, émiettée
200 g de lentilles du Puy vertes ou noires, cuites

Préchauffez le four à 200 °C. Déposez la courge sur une plaque de cuisson, versez 1 cuillerée à soupe d'huile et assaisonnez. Enfournez 30 minutes jusqu'à ce qu'elle soit tendre. Faites chauffer 1 cuillerée à soupe d'huile dans une poêle de 20 cm de diamètre et faites revenir les bettes. Salez et poivrez. Transférez-les dans un saladier, laissez refroidir légèrement puis incorporez les autres ingrédients, y compris la courge. Nettoyez la poêle, faites chauffer le reste d'huile et versez la préparation pour l'omelette. Faites cuire à feu moyen-vif jusqu'à ce qu'elle soit dorée en dessous et cuite dessus. Retournez-la sur une assiette pour servir.

ŒUFS COCOTTE

Pour 4 personnes
20 minutes de préparation

INGRÉDIENTS

1 oignon rouge, finement émincé • 2 gousses d'ail, râpées
1 cuillerée à soupe d'huile d'olive • ½ cuillerée à café de graines de cumin
½ cuillerée à café de cumin en poudre • ¼ de cuillerée à café de piment en poudre
400 g de haricots rouges en conserve, égouttés
4 tomates mûres fermes, râpées • 1 cuillerée à café de sel • 4 gros œufs
1 poignée de coriandre, ciselée finement • 80 ml de yaourt

Faites frire l'oignon et l'ail dans l'huile d'olive, à feu doux, pendant 3 minutes. Ajoutez les épices et laissez cuire pendant 1 minute. Ajoutez les haricots et les tomates, salez et laissez cuire pendant 5 minutes. Creusez 4 puits dans la préparation et cassez 1 œuf dans chacun. Couvrez la casserole pour que le dessus des œufs cuise, et laissez cuire pendant 4 minutes, ou selon le degré de cuisson des œufs qui vous convient. Parsemez de coriandre et servez avec du yaourt.

FRITTATA AUX ASPERGES

Pour 4 personnes
30 minutes de préparation

INGRÉDIENTS

2 poireaux, émincés • 1 gousse d'ail, râpée • 1 cuillerée à soupe d'huile d'olive
10 asperges • 8 gros œufs, battus • 50 g de feta
1 poignée de persil, ciselé + un peu pour la décoration
1 poignée de jeunes feuilles d'épinard • 100 g de quinoa cuit
Sel et poivre • 40 g de parmesan râpé + quelques copeaux

Faites frire les poireaux et l'ail dans l'huile d'olive, dans une poêle allant au four, pendant 5 minutes. Ajoutez les asperges et laissez cuire pendant 4 minutes. Fouettez les œufs, la feta, le persil et les épinards. Ajoutez le quinoa ; salez et poivrez. Versez dans la poêle et laissez cuire jusqu'à ce que le fond soit doré. Saupoudrez de parmesan et mettez 3 minutes sous le gril chaud du four. Parsemez du supplément de persil et des copeaux de parmesan avant de servir.

EN-CAS *sucrés*

1 2 3 4 5 6 **7** 8 9

Il vous arrive d'avoir un petit creux dans l'après-midi au bureau ou bien après une séance de sport intense ?

Troquez les préparations toutes faites issues du commerce pour les délicieuses recettes de ce chapitre composées de superaliments vertueux pour votre santé.

À base de noix, graines, fruits, baies ou de gingembre… vos petits écarts vous feront désormais aussi beaucoup de bien !

BARRES ÉNERGÉTIQUES

Pour 10 barres
10 minutes de préparation + 2 heures de refroidissement

INGRÉDIENTS

80 g de noix de pécan, hachées grossièrement • 120 g de cacahuètes, hachées grossièrement • 100 g de graines de sésame • 80 g de graines de chia
80 g de canneberges séchées • 30 g de baies de goji • 6 cuillerées à soupe de miel ou de nectar d'agave 2 cuillerées à soupe de purée d'amandes
2 cuillerées à soupe d'huile de noix de coco fondue
1 cuillerée à café d'extrait de vanille • 1 grosse pincée de sel

Recouvrez une plaque à pâtisserie de papier d'aluminium sur une surface de 20 × 20 cm environ. Dans un saladier, mélangez les noix de pécan, les cacahuètes et les graines. Ajoutez le reste des ingrédients et mélangez jusqu'à l'obtention d'une pâte homogène. Déposez sur la plaque à pâtisserie, appuyez fermement et régulièrement avec le dos d'une cuillère. Réservez au frais pendant quelques heures jusqu'à ce que la pâte durcisse. Retirez de la plaque et coupez en bandes ou en carrés. Conservez au réfrigérateur.

TRUFFES CHOCOLAT & NOIX

Pour 12 bouchées environ
1h15 de préparation + 5 heures de repos

INGRÉDIENTS

115 g de haricots azuki secs • 75 g de noix de pécan
6 dattes medjool • ¼ de cuillerée à café de cacao en poudre
1 cuillerée à café de sirop d'érable • ¼ de cuillerée à café d'extrait de vanille
¼ de cuillerée à café de sel • 140 g de noix de cajou, finement concassées
avec 1 cuillerée à café de sel

Faites tremper les haricots pendant 4 heures ; égouttez, puis faites-les cuire à l'eau bouillante pendant 1 heure. Égouttez et laissez tiédir. Mixez les haricots, les noix de pécan, les dattes, le cacao, le sirop d'érable, la vanille et le sel jusqu'à l'obtention d'une pâte lisse. Si elle est trop sèche, mouillez avec un petit peu d'eau. Prélevez 1 cuillerée à soupe de pâte et roulez-la en boule ; modelez ainsi 12 boules. Roulez les boules dans le mélange noix de cajou-sel. Laissez reposer pendant 1 heure.

BARRES CHOCOLAT & CANNEBERGE

Pour 1 grosse barre
20 minutes de préparation + 2 h de refroidissement

INGRÉDIENTS

80 g de graines de tournesol • 40 g de canneberges séchées
50 g de sucre glace passé au tamis • 60 g de chocolat noir à 100 % de cacao, râpé
50 g d'huile de noix de coco • 2 cuillerées à soupe de crème fraîche épaisse
1 cuillerée à café d'extrait de vanille

Recouvrez une plaque à pâtisserie de papier sulfurisé. Faites légèrement griller les graines de tournesol dans une poêle. Ajoutez les canneberges et saupoudrez de sucre glace. Faites revenir à feu moyen, en mélangeant constamment, jusqu'à ce que le sucre ait fondu et que la préparation soit collante. Déposez-la sur la plaque à pâtisserie et aplatissez à l'aide d'une cuillère pour former un rectangle de 5 mm d'épaisseur. Faites fondre le chocolat et l'huile de coco au bain-marie. Retirez du feu, ajoutez la crème et l'extrait de vanille puis mélangez jusqu'à ce que la préparation épaississe légèrement. Versez ce glaçage sur la pâte à base de fruits et de graines et étalez-le. Mettez au frais jusqu'à ce que la pâte durcisse, puis découpez en morceaux avant de servir.

YAOURT AUX AGRUMES & ÉPICES

Pour 4 personnes
20 minutes de préparation

INGRÉDIENTS

240 g de yaourt à la grecque • ½ cuillerée à café de cannelle moulue
1 cuillerée à soupe de miel liquide, ou à votre goût • 3 pamplemousses roses
3 grosses oranges • 2 cuillerées à soupe de beurre doux
3 cuillerées à soupe de sucre roux muscovado
1 cuillerée à café de piment de la Jamaïque
1 poignée de noix de pécan grillées et hachées

Mélangez le yaourt, la cannelle et le miel puis réservez au frais. Pelez les pamplemousses et les oranges à vif. Placez-vous au-dessus d'un récipient pour récupérer le jus et détaillez-les en quartiers. Faites fondre le beurre dans une poêle et ajoutez le jus récupéré, le sucre, le piment de la Jamaïque et 50 ml d'eau. Faites mijoter à feu doux jusqu'à ce que le sucre soit dissout et que le liquide soit devenu un sirop. Répartissez les fruits dans des ramequins et ajoutez le sirop, le yaourt épicé et les noix de pécan. Servez immédiatement.

CRUMBLE AUX PRUNES

Pour 4 personnes
45 minutes de préparation + 10 minutes de refroidissement

INGRÉDIENTS

80 g de beurre doux froid, coupé en morceaux + un peu
80 g de farine complète • 50 g de vergeoise • 20 g de flocons d'avoine
2 cuillerées à soupe de graines mélangées, par exemple de lin, de chia, de sésame et de tournesol • 2 cuillerées à soupe de fruits à coque, hachés, par exemple des noisettes et des noix de pécan
1 grosse pincée de sel • 1 cuillerée à café de cannelle moulue
400 g de prunes noires, coupées en quatre
150 g de canneberges • 80 g de miel liquide

Préchauffez le four à 190 °C et beurrez légèrement un plat de 20 cm de diamètre ou d'une capacité de 1,2 litre. Versez la farine dans un saladier et incorporez le beurre de façon à obtenir des petites billes recouvertes de farine. Incorporez le sucre, les flocons d'avoine, les graines, les fruits à coque, le sel et la cannelle. Réservez 10 minutes au frais. Pendant ce temps, enrobez les prunes et les canneberges de miel et mettez-les dans le plat. Répartissez la pâte à crumble par-dessus de façon homogène. Enfournez 30 minutes, jusqu'à ce que le crumble soit doré et bouillonne sur les bords. Servez chaud, accompagné de yaourt, de crème fraîche ou de crème fouettée.

SUNDAE AUX CERISES

Pour 4 personnes
15 minutes de préparation

INGRÉDIENTS

50 g de noisette, émondées • ½ cuillerée à café d'extrait de vanille
40 g de dattes fraîches, dénoyautées • 2 cuillerées à soupe de cacao en poudre
1 pincée de sel • 100 ml d'onctueuse de coco, voire plus, si nécessaire
8 à 12 boules de glace à la vanille ou de yaourt glacé • 120 g de cerises, dénoyautées et coupées en deux • 2 cuillerées à soupe d'éclats de fèves de cacao

Faites légèrement griller les noisettes dans une poêle jusqu'à ce que leur odeur se dégage et qu'elles commencent à dorer. Laissez refroidir un instant, puis réduisez-les en poudre. Ajoutez l'extrait de vanille, les dattes, le cacao en poudre, le sel et l'onctueuse de coco puis mixez jusqu'à l'obtention d'une texture lisse et crémeuse, en rajoutant de l'onctueuse de coco pour obtenir la consistance souhaitée. Répartissez la glace ou le yaourt dans 4 verrines, surmontez de sauce au chocolat, et terminez par les cerises et les éclats de fèves de cacao.

GLACE CHOCOLIGHT

Pour 4 personnes
1h10 de préparation + 1 h de refroidissement

INGRÉDIENTS

490 ml de boisson végétale au soja • 35 g de cacao en poudre • 60 g de chocolat noir (au moins 70 % de cacao), cassé en morceaux • 4 jaunes de gros œufs
180 g de sucre en poudre • ¾ de cuillerée à café d'extrait de vanille
50 g de gingembre confit au sirop, coupé en petits carrés
1 cuillerée à soupe de sirop de gingembre confit

Faites chauffer la boisson végétale et le cacao à feu doux jusqu'à bouillonnement. Ajoutez le chocolat, retirez la casserole du feu et fouettez jusqu'à ce que le chocolat ait fondu. Fouettez les jaunes avec le sucre. Ajoutez la boisson végétale chaude et continuez à fouetter. Ajoutez la vanille, le gingembre et le sirop, puis versez dans la casserole et faites chauffer à feu moyen jusqu'à 79 °C ; laissez reposer sur le feu pendant 25 secondes. Filtrez la préparation et laissez refroidir. Réfrigérez pendant 1 heure, puis turbinez dans une sorbetière pendant 30 à 40 minutes.

PUDDING CHOCOLAT & CHIA

Pour 4 personnes
10 minutes de préparation + une nuit de refroidissement

INGRÉDIENTS

500 ml de boisson végétale au soja ou de lait de vache • 2 grosses bananes
2 cuillerées à café d'extrait de vanille
2 ou 3 cuillerées à soupe de cacao en poudre, selon votre goût
80 g de graines de chia • Framboises, myrtilles ou mûres, pour la décoration

Mettez la boisson végétale, les bananes, l'extrait de vanille et le cacao dans le bol d'un blender et mixez jusqu'à l'obtention d'une texture lisse. Transférez dans un grand saladier et incorporez les graines de chia. Couvrez de film étirable et réservez au frais pendant une nuit. Répartissez dans des ramequins et surmontez de fruits rouges.

YAOURT GLACÉ AUX FRUITS ROUGES

Pour 4 personnes
20 minutes de préparation + 3 à 4 h au congélateur

INGRÉDIENTS

450 g de mûres • 1 cuillerée à café de fécule de maïs
75 g de sucre en poudre • 550 g de yaourt à la grecque
4 cuillerées à soupe de sirop d'érable, ou à votre goût
50 g de noix de pécan, hachées grossièrement

Mettez les mûres dans une poêle, saupoudrez de fécule de maïs et de sucre et mélangez pour les enrober. Écrasez à l'aide d'une fourchette puis faites mijoter à feu moyen-vif, en mélangeant régulièrement, jusqu'à ce que les mûres se décomposent complètement. Mixez jusqu'à l'obtention d'une texture lisse. Passez au chinois au-dessus d'un récipient et laissez refroidir un instant. Incorporez le yaourt, le sirop d'érable et les noix de pécan. Versez dans une sorbetière et brassez selon les instructions de votre appareil. Sinon, versez dans un récipient hermétique et mettez au congélateur pendant 3 à 4 h en mélangeant toutes les heures environ. Si des cristaux se forment, mixez et servez immédiatement.

SABLÉS AUX AMANDES

Pour 15 cookies
35 minutes de préparation

INGRÉDIENTS

140 g de farine • 1 cuillerée à café de cardamome en poudre
½ cuillerée à café de sel • ¼ de cuillerée à café de levure chimique
2 gros œufs • 135 g de sucre en poudre
75 g d'amandes en poudre • 15 amandes entières

Préchauffez le four à 180 °C et recouvrez une plaque de cuisson de papier sulfurisé. Tamisez la farine, la cardamome, le sel et la levure chimique dans un saladier. Battez les œufs avec le sucre jusqu'à obtention d'une consistance légère et crémeuse. Incorporez les ingrédients secs tamisés aux œufs battus et ajoutez la poudre d'amandes. Malaxez pour obtenir une pâte. Prélevez un petit morceau de pâte pour former une boule de 2,5 cm, puis aplatissez-la légèrement. Appuyez une amande entière au centre. Répétez l'opération jusqu'à épuisement de la pâte. Enfournez et laissez cuire pendant 12 minutes. Laissez refroidir sur une grille.

PÂTISSERIES *healthy*

1
2
3
4
5
6
7
8
9

Cake à la courge, brownies aux noisettes, crumble orange & prune, génoise au rutabaga... découvrez la pâtisserie maison sous un nouveau jour.

Grâce aux savoureuses recettes agrémentées de superaliments de ce chapitre, il vous sera désormais possible de cuisiner des gâteaux plus sains, meilleurs pour votre santé.

À vos fourneaux !

GÉNOISE AU RUTABAGA

Pour un carré de 20 cm
45 minutes de préparation + 1 h de refroidissement

INGRÉDIENTS

100 g de beurre doux + un peu
250 g de farine avec levure intégrée • ½ cuillerée à café de muscade en poudre
75 g de graines mélangées : chia, tournesol, lin et courge
½ cuillerée à café de sel • 3 œufs • 125 g de vergeoise
2 cuillerées à soupe de sirop d'érable • 100 g de yaourt à la grecque
100 ml d'huile de noisette • 2 cuillerées à café d'extrait de vanille
150 g de rutabaga, râpé • 200 g de sucre glace
Le zeste râpé et le jus de 1 petite orange

Préchauffez le four à 180 °C. Beurrez un moule carré de 20 cm et recouvrez-le de papier sulfurisé. Dans un saladier, mélangez la farine, la muscade, les graines et le sel. Dans un autre récipient, battez les œufs avec le sucre, le sirop d'érable, le yaourt, l'huile et l'extrait de vanille. Incorporez les ingrédients liquides aux ingrédients secs et terminez par le rutabaga. Versez dans le moule et enfournez 25 minutes, ou jusqu'à ce que la lame d'un couteau en ressorte sèche. Laissez refroidir 10 minutes puis transférez sur une grille. Pendant ce temps, mélangez le beurre, le sucre glace ainsi que le zeste et le jus d'orange jusqu'à l'obtention d'une texture aérienne. Glacez-en le gâteau refroidi et découpez en carrés.

CRUMBLE ORANGE & PRUNE

Pour 8 personnes
1h15 de préparation

INGRÉDIENTS

140 g de farine • 50 g de beurre doux froid, coupé en petits morceaux
230 g de sucre en poudre • 30 g de flocons d'avoine 1 cuillerée à soupe de graines de sésame • 1 cuillerée à soupe de graines de tournesol
2 cuillerées à café de cannelle • 125 g de beurre doux, ramolli
Le zeste râpé finement et le jus de 1 petite orange • 2 œufs, légèrement battus
50 g de noisettes en poudre • 1 cuillerée à café de levure • 1 pincée de sel
6 à 8 prunes noires, dénoyautées et coupées en deux

Préchauffez le four à 180 °C et beurrez un moule à manqué de 22 cm de diamètre. Pour réaliser la pâte du crumble, versez 40 g de farine dans un saladier et incorporez le beurre froid. Ajoutez 50 g de sucre, les flocons d'avoine, les graines et la cannelle. Pour réaliser le gâteau, mélangez le beurre ramolli, le reste de sucre et le zeste d'orange jusqu'à l'obtention d'une texture aérienne. Incorporez les œufs, un par un. Ajoutez le reste de farine, la poudre de noisettes, la levure et le sel. Incorporez les ingrédients secs dans le mélange à base de beurre, en alternant avec du jus d'orange. Versez dans le moule et enfoncez les prunes, côté coupé vers le bas. Terminez par la pâte à crumble. Enfournez 1 heure ou jusqu'à ce que la lame d'un couteau ressorte sèche du gâteau.

TATIN AUX FRUITS ROUGES

Pour 6 personnes
1h15 de préparation + 5 minutes de refroidissement

INGRÉDIENTS

1 pâte feuilletée prête à l'emploi • 100 g de beurre doux, coupé en dés
200 g de sucre cristallisé • 3 ou 4 pommes, pelées, sans leur trognon
et coupées en deux • 50 g de noix de pécan
100 g de canneberges fraîches ou surgelées

Découpez un disque de pâte feuilletée de 24 cm de diamètre, piquez avec une fourchette et mettez au frais. Faites fondre le beurre dans une poêle à bord haut de 20 cm de diamètre allant au four, saupoudrez de sucre et laissez chauffer à feu moyen 2 minutes pour que le sucre commence à se dissoudre. Mettez les pommes dans la poêle, côté coupé vers le haut. Laissez cuire 30 minutes, en remuant de temps en temps, jusqu'à ce que le caramel soit doré. Retirez du feu et comblez les espaces entre les pommes de noix de pécan et de canneberges. Préchauffez le four à 180 °C. Couvrez avec le disque de pâte feuilletée et repliez les bords à l'aide d'une cuillère. Enfournez 30 minutes ou jusqu'à ce que la pâte soit dorée. Réservez 5 minutes puis retournez sur une assiette. Servez immédiatement.

CUPCAKES CITRON & CHIA

Pour 10 à 12 cupcakes
40 minutes de préparation + 1 h de refroidissement

INGRÉDIENTS

125 g de farine • ½ cuillerée à café de levure • 1 pincée de sel
210 g de beurre doux, ramolli • 100 g de sucre en poudre
2 gros œufs, légèrement battus • Le zeste râpé finement et le jus de 1 citron
1 ½ cuillerée à soupe de graines de chia • 150 g de sucre glace
1 cuillerée à soupe de boisson végétale au soja
½ cuillerée à soupe de poudre de thé matcha

Préchauffez le four à 180 °C et déposez des moules en papier dans chacun des emplacements d'une plaque à cupcakes. Mélangez la farine, la levure et le sel. Réservez. Mélangez 125 g de beurre avec le sucre en poudre jusqu'à l'obtention d'un mélange pâle et aéré. Incorporez les œufs un par un, puis le zeste de citron et les graines de chia. Incorporez le mélange à base de farine à celui à base de beurre, en alternant avec du jus de citron et mélangez bien. Répartissez la pâte dans les moules en papier et enfournez 20 minutes ou jusqu'à ce que les cupcakes soient bien fermes. Laissez refroidir sur une grille. Battez le reste de beurre jusqu'à l'obtention d'une texture légère et onctueuse puis ajoutez le sucre glace, la boisson végétale et la poudre de matcha. Glacez les cupcakes refroidis avec la crème au beurre.

MUFFINS CHOCO-FRAMBOISE

Pour 12 muffins
40 minutes de préparation

INGRÉDIENTS

180 ml de boisson végétale au soja • 50 ml d'huile végétale
30 ml d'huile de noisette • 1 gros œuf
1 cuillerée à café d'extrait de vanille • 140 g de sucre en poudre
160 g de farine avec levure intégrée • 30 g de cacao en poudre
2 cuillerées à soupe de noisettes en poudre • 1 cuillerée à café de levure
1 pincée de sel • 36 framboises
12 carrés de chocolat noir à 70 % de cacao minimum

Préchauffez le four à 180 °C et déposez des moules en papier dans chacun des 12 emplacements d'une plaque à muffins. Dans un saladier, battez la boisson végétale, les huiles, l'œuf et l'extrait de vanille. Dans un autre saladier, mélangez le sucre, la farine, le cacao, les noisettes en poudre, la levure et le sel. Incorporez les ingrédients liquides aux ingrédients secs et mélangez brièvement. Remplissez les moules en papier de pâte jusqu'au tiers, puis enfoncez 3 framboises et 1 carré de chocolat dans chacun. Répartissez le reste de pâte par-dessus, soit environ jusqu'aux deux tiers des moules. Enfournez 20 minutes ou jusqu'à ce que les muffins soient fermes au toucher. Laissez refroidir 10 minutes sur la plaque puis transférez sur une grille.

CAKE À LA COURGE

Pour 1 gros gâteau
1h10 de préparation + 15 minutes de refroidissement

INGRÉDIENTS

110 g de beurre doux + peu • 110 g de mélasse noire
110 g de mélasse claire • 110 g de sucre muscovado (sucre de canne complet)
150 g de purée de courge poivrée rôtie (voir page 26)
2 cuillerées à café de gingembre frais, râpé finement
1 gros œuf, légèrement battu • 200 g de farine avec levure intégrée
4 cuillerées à soupe de graines mélangées, mixées grossièrement
1 cuillerée à café de bicarbonate de soude • 1 cuillerée à café de gingembre moulu
• 1 cuillerée à café de cannelle moulue • 1 cuillerée à café de piment de la Jamaïque
• 200 ml de boisson végétale au soja ou de lait de vache

Préchauffez le four à 170 °C. Beurrez un grand moule à cake et couvrez le fond de papier sulfurisé. Mettez le beurre, les mélasses noire et claire ainsi que le sucre dans une casserole et faites fondre à feu doux. Incorporez la purée de courge et le gingembre frais. Laissez refroidir 5 minutes, puis ajoutez l'œuf. Dans un saladier, mélangez la farine, les graines, le bicarbonate de soude et les épices. Incorporez le mélange à base de mélasse à celui à base de farine puis ajoutez petit à petit le lait de façon à obtenir une pâte fluide. Versez dans le moule et enfournez 50 minutes, ou jusqu'à ce que la lame d'un couteau ressorte sèche du gâteau. Laissez refroidir 10 minutes puis démoulez sur une grille.

BROWNIE AUX NOISETTES

Pour 16 gros carrés
50 minutes de préparation

INGRÉDIENTS

50 g de chocolat noir à 70 % de cacao minimum, haché grossièrement
50 g de noisettes, émondées, grillées et concassées grossièrement
40 g d'éclats de fèves de cacao • 150 g de beurre doux, fondu
250 g de sucre en poudre • 75 g de cacao en poudre
1 grosse pincée de sel • 2 gros œufs, légèrement battus
50 g de farine avec levure intégrée • 30 g de griottes séchées

Préchauffez le four à 170 °C. Recouvrez un moule à brownie de 20 cm de papier sulfurisé, en laissant dépasser sur les bords. Mélangez le chocolat, les noisettes et les éclats de fèves de cacao dans un saladier. Réservez. Faites fondre le beurre au bain-marie. Retirez du feu et incorporez le sucre, le cacao en poudre et le sel en battant. Laissez refroidir brièvement avant d'incorporer les œufs. Terminez par la farine et les cerises. Versez la moitié de la pâte dans le moule, saupoudrez la moitié du mélange à base de noisettes, puis versez le reste de pâte par-dessus. Saupoudrez le reste de la préparation aux noisettes. Enfournez 30 minutes ou jusqu'à ce que le brownie soit ferme. Laissez refroidir puis découpez en carrés.

GÂTEAU CHOCOLAT & POIS CHICHE

Pour 8 à 10 personnes
1h10 de préparation

INGRÉDIENTS

200 g de chocolat noir (70 % de cacao), cassé en carrés
150 g de sucre glace tamisé • 150 g de beurre doux, ramolli
400 g de pois chiches en conserve, égouttés et rincés
3 œufs moyens, jaunes et blancs séparés
Pistaches concassées et cacao en poudre, pour saupoudrer

Préchauffez le four à 190 °C et chemisez un moule à manqué à fond amovible de papier sulfurisé. Faites fondre le chocolat dans un récipient résistant à la chaleur posé au-dessus d'une casserole d'eau frémissante ; remuez. Laissez refroidir. Mixez le sucre, le beurre et les pois chiches jusqu'à l'obtention d'une pâte épaisse. Ajoutez les jaunes d'œufs et mixez. Ajoutez le chocolat et mélangez. Fouettez les blancs d'œufs en neige jusqu'à consistance ferme. Incorporez-les à la préparation au chocolat et transvasez dans le moule. Enfournez et laissez cuire pendant 35 minutes. Laissez refroidir. Parsemez de pistaches concassées et de cacao avant de servir.

BOISSONS *bienfaisantes*

1
2
3
4
5
6
7
8
9

Boosters, réparateurs, détoxifiants, antioxydants… les jus naturels et les smoothies santé de ce chapitre vous garantiront un apport suffisant en nutriments essentiels : vitamines, minéraux, etc.

Très faciles à réaliser, ils seront vos meilleurs alliés santé du quotidien, à l'heure du petit déjeuner, pour un en-cas en guise de goûter ou tout simplement pour vous désaltérer.

CITRON & GINGEMBRE

Pour 220 ml environ

INGRÉDIENTS

Le jus de ½ citron • Le jus de ½ citron vert • 1 pincée de piment de Cayenne
15 g de gingembre • 1 cuillerée à café de sirop d'agave

Mixez tous les ingrédients au blender avec 200 ml d'eau filtrée jusqu'à l'obtention d'un smoothie lisse. Passez la préparation dans un chinois placé au-dessus d'une carafe ou d'un petit saladier en pressant bien à l'aide d'une cuillère en bois ou d'une spatule en caoutchouc.

BANANE & AVOINE

Pour environ 300 ml

INGRÉDIENTS

2 cuillerées à soupe de son d'avoine • 1 banane épluchée • 200 ml de yaourt nature
1 cuillerée à soupe d'huile de coco • 1 datte medjool dénoyautée

Passez tous les ingrédients au blender avec 100 ml d'eau filtrée jusqu'à l'obtention d'un smoothie lisse.

CLÉMENTINE, CAROTTE & CÉLERI

Pour environ 400 ml

INGRÉDIENTS

1 carotte • 1 pincée de piment de Cayenne
6 clémentines, épluchées • 1 citron vert, épluché
2 branches de céleri • ¼ de concombre

Mixez tous les ingrédients au blender avec 100 ml d'eau filtrée jusqu'à l'obtention d'un smoothie lisse. Passez la préparation au chinois en pressant bien avec une cuillère en bois ou en caoutchouc.

POIRE & LÉGUMES VERTS

Pour environ 250 ml

INGRÉDIENTS

2 poires, épépinées • 1 poignée de jeunes pousses d'épinard
5 fleurettes de brocoli • 1 citron, le zeste de la moitié, le reste épluché

Mixez tous les ingrédients au blender avec 200 ml d'eau filtrée jusqu'à l'obtention d'un smoothie lisse. Passez la préparation au chinois en pressant bien avec une cuillère en bois ou en caoutchouc.

PÊCHE, ÉPINARD & CAROTTE

Pour environ 300 ml

INGRÉDIENTS

2 pêches, dénoyautées • 1 poignée d'épinard
2 carottes de taille moyenne • ¼ de concombre

Mixez tous les ingrédients au blender avec 200 ml d'eau filtrée jusqu'à l'obtention d'un smoothie lisse. Passez la préparation au chinois en pressant bien avec une cuillère en bois ou en caoutchouc.

JUS ANTICHOLESTÉROL

Pour environ 300 ml

INGRÉDIENTS

1 poignée de chou kale • ½ laitue romaine • 10 fraises, équeutées
1 kiwi, épluché • 1 citron vert, épluché

Mixez tous les ingrédients au blender avec 150 ml d'eau filtrée jusqu'à l'obtention d'un smoothie lisse. Passez la préparation au chinois en pressant bien avec une cuillère en bois ou en caoutchouc.

RAISIN & FENOUIL

Pour environ 250 ml

INGRÉDIENTS

1 cuillerée à soupe d'huile de lin • 2 branches de céleri
5 brins de persil • ½ fenouil • 1 petite grappe de raisin blanc

Mixez tous les ingrédients au blender avec 150 ml d'eau filtrée jusqu'à l'obtention d'un smoothie lisse. Passez la préparation au chinois en pressant bien avec une cuillère en bois ou en caoutchouc.

SMOOTHIE CHOCOLATÉ

Pour 1 personne
5 minutes de préparation

INGRÉDIENTS

250 ml de lait de vache ou de boisson végétale au soja, ou à base de lin
1 petite banane • ½ cuillerée à soupe de cacao en poudre
ou d'éclats de fèves de cacao • ½ cuillerée à soupe de poudre de maca
1 cuillerée à café de graines de lin, de chia et de tournesol
2 cuillerées à soupe de flocons d'avoine • Miel ou agave, à votre goût

Mettez tous les ingrédients dans le bol d'un blender et mixez jusqu'à l'obtention d'un mélange homogène et crémeux, en rajoutant du lait, si nécessaire, pour obtenir la consistance souhaitée.

SMOOTHIE DES MERVEILLES

Pour 1 personne
5 minutes de préparation

INGRÉDIENTS

1 poire, sans trognon, hachée, avec la peau • 1 pomme, sans trognon, hachée, avec la peau • 2 petites poignées de chou kale • 1 petite poignée d'épinards
Le jus de 1 citron vert • 80 ml de jus d'orange
½ cuillerée à café de gingembre frais, râpé

Mettez tous les ingrédients dans le bol d'un blender et mixez
à puissance maximale jusqu'à l'obtention d'un mélange homogène.
Selon la puissance de votre blender, vous devrez peut-être passer la préparation
au chinois pour obtenir une consistance plus lisse.

SMOOTHIE VIOLET

Pour 1 personne
5 minutes de préparation

INGRÉDIENTS

45 g de mûres • 45 g de myrtilles • 45 g de framboises • 60 ml de jus d'açaï
¼ cuillerée à café de gingembre frais, râpé • 2 cuillerées à café de graines de chia
250 ml de lait de vache ou de boisson végétale au soja, ou à base de lin • 1 cuillerée à soupe de miel liquide, ou à votre goût • 1 cuillerée à soupe de yaourt nature

Mettez tous les ingrédients dans le bol d'un blender et mixez à puissance maximale pendant 2 minutes ou jusqu'à ce qu'ils soient bien mélangés et que les graines soient parfaitement broyées. Passez éventuellement la préparation au chinois pour obtenir la consistance souhaitée. Goûtez et rajoutez du miel, si vous le souhaitez, avant de servir.

ANANAS, CÉLERI & ÉPINARD

Pour environ 400 ml

INGRÉDIENTS

⅓ d'ananas, épluché et coupé en morceaux • 2 branches de céleri
2 poignées d'épinard • Quelques brins de persil

Mixez tous les ingrédients au blender avec 50 ml d'eau filtrée jusqu'à l'obtention d'un smoothie lisse. Passez la préparation au chinois en pressant bien avec une cuillère en bois ou en caoutchouc.

LATTE CAJOU & MANGUE

Pour environ 350 ml

INGRÉDIENTS

75 g de noix de cajou • 1 mangue, épluchée et dénoyautée
1 cuillerée à soupe d'huile de lin

Mixez tous les ingrédients au blender avec 300 ml d'eau filtrée jusqu'à l'obtention d'une boisson lisse. Passez la préparation au chinois en pressant bien avec une cuillère en bois ou en caoutchouc. Si le smoothie est trop épais, ajoutez un peu d'eau ou dégustez-le à la cuillère comme une soupe.

AVOCAT, POMME & RAISIN

Pour environ 300 ml

INGRÉDIENTS

1 pomme granny-smith, évidée • 1 fenouil • ¼ de concombre
1 avocat, épluché et dénoyauté • 1 petite grappe de raisin blanc

Passez tous les ingrédients au blender avec 100 ml d'eau filtrée jusqu'à l'obtention d'un smoothie lisse. S'il est un peu trop épais, ajoutez simplement un peu d'eau.

SPIRULINE POWER

Pour environ 250 ml

INGRÉDIENTS

2 poignées de chou kale • Quelques brins de persil • 1 kiwi, épluché
1 citron vert, épluché • 4 fleurettes de brocoli • 1 petite grappe de raisin blanc
½ cuillerée à café de spiruline en poudre

Mixez tous les ingrédients au blender avec 200 ml d'eau filtrée jusqu'à l'obtention d'un smoothie lisse. Passez la préparation au chinois en pressant bien avec une cuillère en bois ou en caoutchouc.

SMOOTHIE BOOSTER

Pour environ 300 ml

INGRÉDIENTS

125 g de patate douce (environ 1 petite patate douce), épluchée et coupée en petits morceaux • 2 poignées de chou kale
1 poignée d'épinard • 2 pêches, dénoyautées • 2 brins de menthe
1 citron vert, épluché

Mixez tous les ingrédients au blender avec 200 ml d'eau filtrée jusqu'à l'obtention d'un smoothie lisse. Passez la préparation au chinois en pressant bien avec une cuillère en bois ou en caoutchouc.

SMOOTHIE BANANE & CACAHUÈTES

Pour environ 250 ml

INGRÉDIENTS

1 banane épluchée • 1 cuillerée à soupe de beurre de cacahuète
250 ml d'eau de coco

Passez tous les ingrédients au blender jusqu'à l'obtention d'un smoothie lisse.

PAMPLEMOUSSE COUPE-FAIM

Pour environ 250 ml

INGRÉDIENTS

1 carotte de taille moyenne • 1 poignée d'épinard • 1 poignée de chou kale
1 orange, épluchée • 1 pamplemousse blanc, épluché

Mixez tous les ingrédients au blender avec 100 ml d'eau filtrée jusqu'à l'obtention d'un smoothie lisse. Passez la préparation au chinois en pressant bien avec une cuillère en bois ou en caoutchouc.

MYRTILLE, BETTERAVE & ÉPINARD

Pour environ 300 ml

INGRÉDIENTS

3 betteraves • 1 poignée de jeunes pousses d'épinard
2 poignées de myrtilles • ¼ de concombre

Mixez tous les ingrédients au blender avec 150 ml d'eau filtrée jusqu'à l'obtention d'un smoothie lisse. Passez la préparation au chinois en pressant bien avec une cuillère en bois ou en caoutchouc.

LATTE AMANDE & PATATE DOUCE

Pour environ 300 ml

INGRÉDIENTS

75 g d'amandes • ½ cuillerée à café de cannelle en poudre
125 g de patate douce (environ ½ patate douce de taille moyenne)
1 pincée de clou de girofle en poudre • 15 g de gingembre
2 dattes medjool • 1 cuillerée à café de miel • 1 pincée de sel

Mixez tous les ingrédients au blender avec 300 ml d'eau filtrée jusqu'à l'obtention d'une boisson lisse. Passez la préparation au chinois en pressant bien avec une cuillère en bois ou en caoutchouc. N'hésitez pas à faire chauffer ce lait à la casserole pendant 3 ou 4 minutes à feu doux, si vous le souhaitez.

GREEN JUS

Pour environ 300 ml

INGRÉDIENTS

½ pomme granny-smith, évidée • ½ pomme rouge, évidée • 1 branche de céleri
½ poivron jaune • 1 poignée d'épinard • ½ fenouil • 1 poignée de chou kale
½ citron, épluché • 15 g de gingembre • ¼ de concombre

Mixez tous les ingrédients au blender avec 100 ml d'eau filtrée jusqu'à l'obtention d'un jus lisse. Passez la préparation au chinois en pressant bien avec une cuillère en bois ou en caoutchouc.

LATTE AMANDE, DATTE & CURCUMA

Pour environ 320 ml

INGRÉDIENTS

100 g d'amandes • ½ cuillerée à café de curcuma moulu
2 dattes, dénoyautées • 1 pincée de sel

Mixez tous les ingrédients au blender avec 300 ml d'eau filtrée jusqu'à l'obtention d'une boisson lisse. Passez la préparation au chinois en pressant bien avec une cuillère en bois ou en caoutchouc.

PAMPLEMOUSSE BOOSTER

Pour environ 300 ml

INGRÉDIENTS

1 pamplemousse blanc, épluché • 1 pomme granny-smith, évidée
2 poignées de chou kale • 5 feuilles de menthe

Mixez tous les ingrédients au blender avec 100 ml d'eau filtrée jusqu'à l'obtention d'un smoothie lisse. Passez la préparation au chinois en pressant bien avec une cuillère en bois ou en caoutchouc.

RAISIN, AVOCAT, CITRON & MENTHE

Pour environ 500 ml
250 ml par jour

INGRÉDIENTS

1 avocat, dénoyauté et épluché • Le jus de ½ citron vert • 2 brins de persil
1 pomme granny-smith, évidée • 5 feuilles de menthe
½ concombre • 1 petite grappe de raisin blanc, épépiné

Cette recette est prévue pour 2 jours. Passez tous les ingrédients au blender avec 300 ml d'eau filtrée.

GREEN PASTÈQUE

Pour environ 300 ml

INGRÉDIENTS

4 fleurettes de brocoli • 250 g de pastèque épluchée • 3 radis
100 ml d'eau de coco

Mixez tous les ingrédients au blender jusqu'à l'obtention d'un smoothie lisse. Passez la préparation au chinois en pressant bien avec une cuillère en bois ou en caoutchouc.

MYRTILLE, ORANGE, BROCOLI & CAROTTE

Pour environ 350 ml

INGRÉDIENTS

3 poignées de myrtilles • 1 orange, épluchée • 2 petites carottes
4 fleurettes de brocoli • 1 cuillerée à soupe d'huile de lin

Mixez tous les ingrédients au blender avec 150 ml d'eau filtrée jusqu'à l'obtention d'un smoothie lisse. Passez la préparation au chinois en pressant bien avec une cuillère en bois ou en caoutchouc.

BETTERAVE ÉNERGISANTE

Pour environ 250 ml

INGRÉDIENTS

1 pomme granny-smith, évidée • 1 carotte • 2 petites betteraves
Quelques feuilles de menthe • 1 citron, épluché • 15 g de gingembre

Mixez tous les ingrédients au blender avec 150 ml d'eau filtrée jusqu'à l'obtention d'un smoothie lisse. Passez la préparation au chinois en pressant bien avec une cuillère en bois ou en caoutchouc.

CHOU KALE, ORANGE & BETTERAVE

Pour environ 300 ml

INGRÉDIENTS

2 poignées de chou kale • 2 petites betteraves • 1 orange, épluchée
Quelques brins de persil • 2 branches de céleri • ½ citron, épluché
1 cuillerée à soupe d'huile de lin

Mixez tous les ingrédients au blender avec 200 ml d'eau filtrée jusqu'à l'obtention d'un smoothie lisse. Passez la préparation au chinois en pressant bien avec une cuillère en bois ou en caoutchouc.

BAIES ÉPICÉES

Pour environ 300 ml

INGRÉDIENTS

2 poignées de cresson • 2 grappes de raisin noir
2 poignées de framboises (150 g environ) • 15 g de gingembre

Mixez tous les ingrédients au blender avec 200 ml d'eau filtrée jusqu'à l'obtention d'un smoothie lisse. Passez la préparation au chinois en pressant bien avec une cuillère en bois ou en caoutchouc.

MELON, FRAISE & MENTHE

Pour environ 300 ml

INGRÉDIENTS

¼ de concombre • ½ melon, épluché et évidé
2 poignées de fraises, équeutées • 5 feuilles de menthe

Mixez tous les ingrédients au blender avec 50 ml d'eau filtrée jusqu'à l'obtention d'un smoothie lisse. Passez la préparation au chinois en pressant bien avec une cuillère en bois ou en caoutchouc.

VANILLAMANDE

Pour environ 300 ml

INGRÉDIENTS

100 g d'amandes • 2 dattes medjool, dénoyautées
2 gouttes d'extrait de vanille • 1 cuillerée à soupe d'huile de lin

Mixez tous les ingrédients au blender avec 300 ml d'eau filtrée jusqu'à l'obtention d'une boisson lisse. Passez la préparation au chinois en pressant bien avec une cuillère en bois ou en caoutchouc.

TABLE DES RECETTES

PETIT DÉJ BOOSTER 22
Confiture de fraises & chia 24
Pain moelleux aux graines 26
Yaourt à la courge & croquant épicé 28
Tartines aux cerises sauvages 30
Porridge bonne mine 32
Porridge baies & noix 34
Super muesli 36
Scones de quinoa 38
Muffins pomme & noix 40
Gaufres aux fraises 42
Pain perdu tofu & banane 44
Super brownies 46

SALADES ÉNERGIE 48
Salade détox 50
Chou, avocat & baies 52
Cresson, radis, tomate & pita 54
Bok choy, shitaké & sésame 56
Coleslaw 58
Méli-mélo de petits pois 60
Quinoa, courgette & citron 62
Taboulé 64
Salade d'hiver 66
Salade mexicaine 68
Betterave, orge perlé & noix 70
Quinoa rouge, chou kale & cacahuètes 72

SUR LE POUCE ET SAIN 74
Houmous vert 76
Houmous aux cacahuètes 78
Nems veggie 80
Tofu & carottes marinées 82
Rouleaux de printemps 84
Biscottis graines & cheddar 86
Muffins légumes & féta 88
Burritos tempeh & crudités 90
Tacos de légumineuses 92
Tortillas 94
Green pizza 96
Tomato tarte 98
Galette-pizza 4 saisons 100
Galette verte 102

SOUPES SANTÉ 104
Petit pois, épinard & sésame noir 106
Carotte, orange & gingembre 108
Soupe du soleil 110
Minestrone 112
Tomate, poivron & curcuma 114
Bok choy, tofu & wakamé 116
Épinard & curcuma 118
Crème de pois cassé 120
Courgette, petit pois & menthe 122
Crème de chou-fleur & haricot 124
Lentilles & épinard 126
Minestrone de pois chiches 128
Cococorail 130
Velouté de champignon 132
Noodles soupe 134

LÉGUMES DU MARCHÉ 136
Courge, betterave & chataîgne 138
Bok choy glacé 140
Green purée 142
Laitue vinaigrette & oeufs mimosa 144
Légumes-feuilles glacés 146
Gratin de navets 148
Curry santé 150
Légumes à la méditerranéenne 152
Brochettes de légumes 154
Légumes à la marocaine 156
Potée de lentilles à la tomate 158
Carottes au miel, citron & sésame 160

Tomates rôties au basilic 162
Salade chaude aux endives 164
Ratatouille épicée 166
Green tajine 168
Orzotto primavera 170
Dhal épicé 172
Mijoté à la grecque 174

PETITS PLATS GOURMANDS 176
Pasta au pesto 178
Bowl asiatique 180
Risotto de chou-fleur 182
Courge, canneberge & noix de pécan 184
Gratin de pâtes aux légumes verts 186
Bowl de légumes & féta 188
Kale, haricot blanc & noisette 190
Chili au cacao 192
Poivrons farcis 194
Maquereau au four 196
Tartine de maquereau à la tomate 198
Saumon au cresson 200
Burger au saumon 202
Friand de légumes au cheddar 204
Green omelette 206
Œufs cocotte 208
Frittata aux asperges 210

EN-CAS SUCRÉS 212
Barres énergétiques 214
Truffes chocolat & noix 216
Barres chocolat & canneberge 218
Yaourt aux agrumes & épices 220
Crumble aux prunes 222
Sundae aux cerises 224
Glace chocolight 226
Pudding chocolat & chia 228
Yaourt glacé aux fruits rouges 230
Sablés aux amandes 232

PÂTISSERIES HEALTHY 234
Génoise au rutabaga 236
Crumble orange & prune 238
Tatin aux fruits rouges 240
Cupcakes citron & chia 242
Muffins choco-framboise 244
Cake à la courge 246
Brownie aux noisettes 248
Gâteau chocolat & pois chiche 250

BOISSONS BIENFAISANTES 252
Citron & gingembre 254
Banane & avoine 256
Clémentine, carotte & céleri 258
Poire & légumes verts 260
Pêche, épinard & carotte 262
Jus anticholestérol 264
Raisin & fenouil 266
Smoothie chocolaté 268
Smoothie des merveilles 270
Smoothie violet 272
Ananas, céleri & épinard 274
Latte cajou & mangue 276
Avocat, pomme & raisin 278
Spiruline power 280
Smoothie booster 282
Smoothie banane & cacahuètes 284
Pamplemousse coupe-faim 286
Myrtille, betterave & épinard 288
Latte amande & patate douce 290
Green jus 292
Latte amande, datte & curcuma 294
Pamplemousse booster 296
Raisin, avocat, citron & menthe 298
Green pastèque 300
Myrtille, orange, brocoli & carotte 302
Betterave énergisante 304
Chou kale, orange & betterave 306
Baies épicées 308
Melon, fraise & menthe 310
Vanillamande 312

INDEX

A

Abricot sec 36
Ail 52, 54, 58, 64, 66, 68, 72, 78, 80, 84, 92, 102, 110, 112, 114, 122, 126, 132, 134, 142, 144, 148, 152, 154, 156, 158, 160, 162, 166, 168, 172, 174, 178, 190, 192, 194, 196, 202, 208, 210
Amande 102, 154, 232, 290, 294, 312
Amandes en poudre 232
Ananas 274
Artichaut, cœur d' 100, 152
Artichaut à l'huile 182
Artichaut violet 168
Asperge 170, 210
Aubergine 152, 154, 166
Avocat 52, 66, 102, 278, 298
Avoine, son d' 256

B

Babeurre 38
Baies d'aronia 52
Baies de goji 36, 52
Banane 44, 228, 256, 268, 284
Basilic 30, 84, 96, 100, 144, 152, 162, 170, 178, 182, 194
Betterave 70, 72, 288, 304, 306
Bettes 112, 206
Beurre 42
Beurre de cacahuète 78, 284
Beurre doux 28, 38, 40, 44, 86, 142, 146, 164, 182, 186, 200, 220, 222, 236, 238, 240, 242, 246, 248, 250
Boisson végétale à base de lin 32, 142, 148, 268, 272
Boisson végétale à l'amande 32, 34
Boisson végétale au soja 42, 88, 142, 148, 226, 228, 242, 244, 246, 268, 272
Bok choy 56, 116, 140, 180
Bouillon de légumes 82, 106, 108, 110, 116, 120, 122, 124, 128, 132, 134, 140, 156, 158, 170, 172, 184, 192, 200
Bouillon de fumée de poisson 200
Boulgour 154
Brocoli 120, 260, 280, 300, 302

C

Cacahuètes 72, 178, 214
Cacao en poudre 46, 216, 224, 226, 228, 244, 248, 250, 268
Canneberges 184, 222, 240
Canneberges séchées 214, 218
Cannelle 28, 32, 34, 36, 40, 44, 156, 172, 220, 222, 238, 246, 290
Cannelle, bâton de 150
Cardamome 150, 172
Cardamome en poudre 232
Carotte 52, 58, 80, 82, 84, 90, 108, 112, 126, 128, 130, 156, 160, 188, 258, 262, 286, 302, 304
Céleri, branche de 90, 112, 128, 174, 258, 266, 274, 292, 306
Cerises 224
Cerises sauvages 30
Champignons de Paris 132
Champignons shiitaké 56
Châtaignes sous vide 102, 138
Cheddar 186, 204
Cheddar fort 86
Chocolat noir 46, 192, 218, 226, 244, 248, 250
Chou 52
Chou kale 52, 54, 72, 142, 146, 178, 186, 190, 204, 264, 270, 280, 282, 286, 292, 296, 306
Chou kale, pousses de 56, 148
Chou pommé 142
Chou-fleur 124, 182
Citron 92, 174, 196, 260, 292, 304, 306
Citron confit 60, 168
Citron vert 80, 258, 264, 280, 282
Clémentine 258
Clou de girofle 290
Concentré de tomates 112, 128, 130

Concombre 64, 84, 258, 262, 278, 288, 292, 298, 310
Coriandre 58, 68, 72, 80, 84, 92, 94, 130, 138, 140, 168, 172, 196, 208
Coriandre moulue 80, 134, 156
Courge 28, 138, 150, 184, 206, 246
Courge butternut 156
Courge poivrée 28, 138, 184, 206, 246
Courgette 62, 118, 122, 154
Cresson 50, 54, 200, 308
Cumin 78, 92, 112, 124, 130, 134, 156, 168, 192, 208
Curcuma frais 108, 114, 118, 122, 126, 132, 134
Curcuma moulu 108, 114, 118, 122, 126, 132, 134, 156, 168, 294

D

Dattes 38, 224, 294
Dattes medjool 216, 290, 312

E

Eau de coco 284, 300
Edamame 70, 84, 106
Endives 164
Épinard 76, 88, 94, 96, 100, 106, 118, 126, 134, 186, 210, 270, 288
Extrait de vanille 40, 42, 44, 214, 216, 218, 224, 226, 228, 236, 244, 312

F

Farine 26, 38, 40, 98, 186, 202, 232, 242
Farine avec levure intégrée 88, 236, 238, 244, 246, 248
Farine complète 86, 222
Farine de blé complet 42
Farine de pois chiches 96, 98
Farine de seigle 42
Farine de quinoa 38
Fenouil 266, 278, 292
Feta 88, 102, 188, 194, 206, 210
Feuille de laurier 112
Feuilles de betterave 138, 186
Fèves 168, 170
Fèves de cacao 224, 248, 268
Flocons d'avoine 28, 32, 36, 222, 238, 268
Fraise 24, 42, 264, 310
Framboise 32, 228, 244, 272, 308
Fruits à coque 222
Fusilli (pâtes) 178

G

Galette de riz 84
Germes de soja 84
Gingembre 56, 80, 108, 130, 134, 140, 168, 172, 202, 246, 254, 270, 272, 290, 292, 304, 308
Gingembre confit au sirop 226
Gingembre en poudre 40, 168, 246
Graines de chia 24, 36, 86, 214, 222, 228, 242, 268, 272
Graines de coriandre 76, 172
Graines de courge 28, 36, 236
Graines de lin 26, 32, 222, 268
Graines de potiron 64, 102
Graines de sésame 30, 36, 86
Graines de sésames noires 106
Graines de tournesol 26, 28, 32, 50, 52, 86, 102, 186, 190, 218, 222, 238

H

Haricots azuki 46, 64, 68, 112, 216
Haricots blancs géants 190
Haricots de Lima 174
Haricots mungo 68, 92
Haricots pinto 124
Haricots rouges 124, 192, 208
Haricots verts 120
Huile d'olive 54, 70, 72, 78, 80, 88, 90, 92, 98, 100, 102, 106, 108, 110, 112, 114, 118, 120, 122, 124, 126, 128, 130, 132, 134, 138, 144, 152, 154, 156, 158, 162, 164, 166, 168, 172, 174, 182, 184, 186, 188, 190, 192, 194, 196, 198, 204, 206, 208, 210
Huile d'olive vierge extra 50, 52, 60, 62, 66, 76, 96, 154, 160, 170, 178
Huile de coco 218, 256
Huile de lin 266, 276, 302, 306, 312
Huile de sésame 68, 84, 106, 140
Huile de sésame grillé 56

J
Jus d'açaï 272
Jus de citron 24, 30, 50, 52, 54, 58, 60, 62, 64, 66, 78, 82, 84, 90, 96, 102, 120, 154, 160, 164, 178, 184, 190, 192, 242, 254, 298
Jus de citron vert 68, 72, 76, 172, 192, 196, 200, 254, 270
Jus d'orange 80, 236, 238, 270

K
Kiwi 264, 280

L
Labneh 30,
Lait de coco 130
Lait de vache 32, 88, 142, 148, 228, 246, 268, 272
Laitue romaine 80, 264
Lentilles 168
Lentilles brunes 126
Lentilles corail 92, 130, 172

M
Mangue 276
Mangue séchée 36
Maquereau 196, 198
Matcha (thé) 242
Melon 310
Menthe 60, 64, 84, 154, 296, 298, 304, 310
Menthe, brin de 122, 282,
Miel 24, 26, 28, 30, 32, 34, 52, 66, 84, 90, 112, 154, 160, 164, 214, 220, 222, 268, 272, 290
Miso blanc 182
Mûres 34, 152, 208, 228, 230, 272
Myrtilles 32, 34, 52, 228, 272, 288, 302

N
Navets 148, 150, 204
Noisettes 32, 50, 66, 190, 222, 248
Noisettes en poudre 186, 238, 244
Noisettes grillées 144
Noix 40
Noix, cerneau de 46
Noix de cajou 96, 216, 276
Noix de coco séchée 130, 150
Noix de muscade 84, 108
Noix de pécan 32, 34, 36, 42, 184, 214, 216, 222, 230, 240
Noix de pécan grillées 220
Noix grillées 70
Nouilles sèches 134

O
Œufs 42, 46, 144, 206, 208, 210, 226, 232, 236, 238, 242, 248, 250
Oignon 106, 108, 112, 118, 120, 126, 128, 134, 158, 172, 204
Oignon de printemps 62, 68, 76, 102, 130, 132, 174
Oignon nouveau 72
Oignon rouge 70, 76, 92, 94, 110, 114, 124, 152, 154, 156, 166, 168, 192, 198, 208
Olives noires 174
Olives vertes 168
Orange 90, 108, 220, 286, 302, 306
Origan 110, 112
Origan séché 88

P
Pain à hamburger 202
Pain au levain 186, 190, 198
Pain aux graines 30, 202
Pain de campagne 186
Pain de seigle 190
Pamplemousse blanc 286, 296
Pamplemousse rose 220
Paprika 126, 186
Paprika fumé 90, 92, 112, 198
Paprika fumé doux 54
Pastèque 300
Patate douce 92, 282, 290
Pâtes orzo 170
Pâtes tubulaires 128
Pêche 262, 282
Penne (pâtes) 186
Persil 60, 64, 66, 70, 154, 156, 168, 190, 210, 266, 274, 280, 298, 306
Petits pois 60, 106
Petit pois surgelés 122, 170
Pignons de pin 154
Piment de Cayenne 152, 180, 190, 254, 258
Piment de la Jamaïque 220, 246
Piment en poudre 90, 208
Piment jalapeño vert 72
Piment rouge 68, 84, 94, 130, 140, 172, 192
Piment vert 92, 94, 102, 106, 150, 166

Pistaches 102, 250
Poire 260, 270
Poireaux 210
Pois cassés jaunes 130
Pois cassés verts, secs 120
Pois chiches 60, 76, 78, 92, 128, 134, 156, 250
Poivron jaune 190, 292
Poivron rouge 90, 98, 110, 114, 152, 154, 156, 166, 194
Poivron rouge à l'huile 88
Poivron vert 92
Pomme 40, 240, 270
Pomme de terre 76, 106, 142, 204
Pomme granny-smith 278, 292, 296, 298, 304
Pomme rouge 58, 292
Poudre de maca 268
Prunes noires 222, 238
Pulpe de tamarin 114
Pulpe de tomates concassées 100
Purée d'amandes 214
Purée de tomates 192, 198

Q

Quinoa 32, 34, 36, 38, 40, 62, 64, 112, 154, 210
Quinoa rouge 62, 72

R

Radis 54, 56, 164, 300
Raisin blanc 266, 278, 280, 298
Raisin de Corinthe 62
Raisin noir 308
Raisins secs 152
Raisins secs, blonds 130
Roquette 56, 96, 102, 184, 202
Rutabaga 58, 150, 236

S

Safran 110
Saumon 180, 200, 202
Semoule de couscous israélien 184
Sirop d'érable 44, 60, 64, 80, 102, 216, 230, 236
Spiruline 280

T

Tahini 54, 58, 90
Tempeh 80, 84, 90
Thym 70, 96, 102, 132, 148, 164
Tofu extra-ferme 94
Tofu ferme 116
Tofu soyeux 44, 82
Tomates 54, 64, 92, 110, 152, 156, 162, 172, 192, 194, 196, 208
Tomates cerises 98, 102, 154, 172, 188
Tomates concassées 112, 114, 158
Tomates olivettes 174

V

Vanille, glace à 224

W

Wakamé 116

Y

Yaourt 208
Yaourt à la grecque 28, 138, 220, 230, 236
Yaourt glacé 224
Yaourt nature 42, 58, 60, 62, 92, 110, 156, 256, 272

Z

Zeste d'orange 38, 42, 108, 236, 238
Zeste de citron 62, 76, 102, 242, 260
Zeste de citron confit 100, 182, 190

58, rue Jean-Bleuzen,
92178 VANVES CEDEX

Recettes : Fern Green, Sue Quinn
Photographies : Deirdre Rooney, Victoria Wall Harris pages : 24-33, 36-37, 50-59, 72-73, 78-79, 82-83, 86-89, 100-101, 110-111, 116,117, 124-125, 138-153, 158-167, 178-193, 196-207, 214-215, 218-225, 228-231, 236-249, 268-273 - Shutterstock : 10-11, 18-19.
Mise en pages et relecture : Graph'M

3217637/01
ISBN : 978-2-501-17082-6
Dépôt légal : août 2022
Achevé d'imprimer en juillet par Macrolibros en Espagne

PAPIER À BASE DE FIBRES CERTIFIÉES

MARABOUT
s'engage pour l'environnement en réduisant l'empreinte carbone de ses livres.
Celle de cet exemplaire est de :
1 400 g éq. CO_2
Rendez-vous sur www.marabout-durable.fr